教会（下）

重新探索神的设计蓝图

Derek Prince
叶光明 著

叶光明事工团队

重新探索神的 设计蓝图
Rediscovering God's Church–Part 2

叶光明事工亚太地区出版
PO Box 2029, Christchurch, New Zealand 8140
admin@dpm.co.nz
叶光明事工出版

DPM34-2

ISBN: 978-1-78263-646-5

目录

第 16 章

机动性事工：使徒

在本书第一部，我们思考了教会本是神的分，是祂特别的子民。在第二部，我们检验了保罗在以弗所书勾勒出的教会七个写照。然后在第三部，我们思考了教会的普世性以及地方性的整体结构。我觉得首先探讨教会是谁，以及教会是什么非常重要。在考虑建造教会的方法、模式、领导原则以先，我们必须十分确定是在建造什么。我们必须有智慧地在正确的根基上建造，一如保罗在哥林多前书第三章所说。

我们现在要来研讨教会的主要职事或领袖。这与先前讨论过的使徒团队与长老一定会有些重复，但是此处主要是从他们的具体呼召，以及教会日常生活的脉络来讨论。

我发现把领袖事工分成两个群组，会有便于研讨：第一个是机动性的事工，第二个是定点性的事工。我们先讨论机动性事工。

机动性事工

当你发现，教会的主要事工多为机动性，可能会很惊讶。其实，教会本来就不该变成像今天一样暮气沉沉。早期教会的事工不断进入地理上或属灵上的福音真空地带，部分原因就是他们强调、支持机动性事工。有些传道人永远无法得尝许多人享受的安定，因为神使他们常处于机动的状态。我们需要委身与力量来持守，也需要另一种委身与力量来不断开展眼界。

教会如果没有机动性事工，永远不会对世界发挥影响力，因为他们不受制于某个地域，在普世教会任何地方都可以发挥作用。机动性事工可以在所有地方教会中的每一范畴里运作。主要的职事也列于以弗所书：

> 「祂所赐的，有使徒，有先知，有传福音的，有牧师和教师。」（以弗所书四章 11 节）

上面列出来的五项职事，只有牧师基本上是固定的，其余都是重要的机动性事工：使徒、先知、布道者与教师。我们在本章将要探讨使徒这个主题。

我年轻时曾在私立学校受教育十年之久，学校规定周间每天都要去教会，周日去两次，所以每周共八次。彩绘玻璃上的圣经人物在我的回忆里永远不会消失：耶稣在木匠店，以及十二使徒等等。这些人物的年龄看起来没有低于五十岁的，都蓄着蓬乱的胡子，花白的长发，脸上皱纹满布。你会以为教会的领袖都是一些生命即将走向终点的人。这完全是错谬的呈现。仔细研读新约圣经可以看出，耶稣在世上传道时称呼的使徒都是年轻人，甚至不到中年。

我当时对神的感受多少也跟彩绘玻璃一样，觉得祂是个坏脾气的老头子，胡须又白又长，坐在长廊底端的办公室。你绝对不会想要蹑手蹑脚走过长廊、敲门、进那间办公室，因为那表示你出纰漏了！

我花了多年的时间才除去童年时期的宗教印象。我想各位也要作很多调整，才能看清圣经所说的使徒是什么面貌。一般而言，使徒这个字有着传统信仰的联想，让我们想到是很久以前不苟言笑，最好是不要碰面的人物。我敢说，基督徒一定有十之八九认为使徒属于十九世纪以前的年代。他们绝不会想到在现代遇见一位使徒。我希望下面所讨论的，可以纠正这种印象。

使徒是什么？

我们看看使徒这个字的意思，首先看新约原文。希腊文是apostolos，有个很具体的意思：「被差的」。很多人不知道有些熟悉的经文里面，其实包含这个字。

> 「我确实地告诉你们，仆人不能大过主人，受差派的（apostolos）也不能大过差他的人（apostolos）。」（约翰福音十三章16节，当代圣经）

「受差派的」就是使徒。圣经着重「使徒」原指「被差的人」的意思。有些圣经英译本将apostolos有时译为messenger（使者）。届时我会指出，用这个翻译令人遗憾，也是个误导的译法。Apostolos的意义与现今基督教的一个熟悉的字眼「宣教士」(missionary）有密切关联。Missionary源自于一个拉丁文动词，意味「被差的人」，显然意思极为接近。从宣教士的角度思考使徒的性质是有帮助的，即便不是所有的使徒都是宣教士，而宣教士也不一定都是使徒。

耐人寻味的是apostolos这个字在新约的出处。我们毫无疑问可以使用evangelist这个字（译注：和合本译为「传福音的」)，然而这个字在新约只出现过三次。只有腓利一个人被称为evangelist。但是当我们看使徒这个字，却有二十八个具此职分的人特别被提出来。如今很多基督徒根本不考虑给尚在人世的传道人这个头衔。

当我开始国际传道事工，常有人问我：「您是做什么的？」我回答说：「我周游各地传道」，那他们会说：「哦，您是布道者。」我却回答：「当然不是！」「您周游传道，一定就是布道者啊。」他们的心态是只有布道者才周游传道。如果不周游传道，就一定是个牧师！好像只有两个选择，而这当然与圣经不符。

谁是新约使徒?

在五旬节之前，有十四个人被称为使徒，五旬节后又加上十四个人。

第一位完美的使徒

第一位被称为使徒的是主耶稣基督自己，这非常恰当。我知道耶稣是每一主要事工的完美榜样。祂是完美的使徒、完美的先知、完美的布道者、完美的牧者、完美的教师。希伯来书不仅称基督为使徒，也透露了这个字的含意：

> 「因此，同蒙天召的圣洁的弟兄啊！你们应该想想耶稣，就是作使徒、作我们所宣认的大祭司的那一位。」
> (希伯来书三章1节，新译本)

耶稣被称为使徒，以及我们所宣认的大祭司。这是祂整个事工中两个相对比的部分。身为使徒，祂受神差派，在这个世界完成一项无人可以完成的任务。身为大祭司，祂回到神面前，代表在地上接受祂事工的那些人。身为使徒，祂受神差遣来拯救我们。身为大祭司，祂回到神面前，为我们代求。这是何等美丽的一幅基督事工画像！

我们在约翰福音十章36节又看到关于耶稣被差遣的宣告。耶稣在此对那些质疑祂是否代表神的犹太人说话：

> 「父所分别为圣、又差到世间来的……。」

父神使耶稣成圣，并差祂进入世界。「差」这个字在希腊文是apostello，apostle这个字即源于此。父神将耶稣分别出来，差祂到世界成为使徒——受差遣的。

门徒作为使徒

在约翰福音二十章21节，类似的观念用在第一批门徒：

「耶稣又对他们（门徒）说：『愿你们平安！父怎样差遣了我，我也照样差遣你们。』」

「父怎样差遣了我」用的就是apostello这个字。耶稣是在说：「我父差我作使徒，现在我要同样以父差我的方式差遣你们。」使徒的职分于焉转移。

我们再思考成为使徒的首批十二门徒，他们被委任的背景，以及描述的细节。

「祂看见许多的人，就怜悯他们；因为他们困苦流离，如同羊没有牧人一般。于是对门徒说：『要收的庄稼多，做工的人少。所以，你们当求庄稼的主打发工人出去收祂的庄稼。』」（马太福音九章36～38节）

必须有人被差往收成的地方做工，而耶稣接下来正是做这件事：

「耶稣叫了十二个门徒来，给他们权柄，能赶逐污鬼，并医治各样的病症。这十二使徒的名……耶稣差这十二个人去。」（马太福音十章1～2、5节）

我们再次看见名词apostolos译为「使徒」。我们也看到动词apostello译为「差」。请注意，他们在第1节被称为门徒，但是之后就被称为使徒。他们因着被差遣，从门徒升格为使徒。

耶稣的第一个使徒团队可能有三十多个人，其中也包括妇女。

> 「过了不多日，耶稣周游各城各乡传道，宣讲神国的福音。和祂同去的有十二个门徒，还有被恶鬼所附、被疾病所累、已经治好的几个妇女，内中有称为抹大拉的马里亚（曾有七个鬼从她身上赶出来），又有希律的家宰苦撒的妻子约亚拿，并苏撒拿，和好些别的妇女，都是用自己的财物供给耶稣和门徒。」（路加福音八章1～3节）

当人们看见耶稣的团队进入村庄，他们看到的是教会的缩影：来自不同社会背景的男男女女。同样，宣教机构或团体也要尽可能像这样多元化，以至于到一个国家的时候，那里的人民可以目睹真正的教会。我自己曾隶属于一个向赞比亚传福音的使徒团队，同工来自四面八方，包括我的非洲女儿杰西卡（Jesika）。一个非洲的宣教团队并没有许多白人脸孔，这真是不同于以往，对当地人民产生完全不一样的冲击！若非如此，他们会以为基督教是西方或白人的宗教信仰。但是当他们看见缩影的教会，就会真的有回应。

第一批使徒有十二人。但是我们都知道，犹大成了叛徒。圣经说他失去了使徒的职分（参考使徒行传一章25节）。五旬节那天在楼上等候神的时候，使徒彼得对着聚集在那里的一百二十名门徒宣布，应该再凑足十二个人。

「所以，主耶稣在我们中间始终出入的时候，就是从约翰施洗起，直到主离开我们被接上升的日子为止，必须从那常与我们作伴的人中立一位与我们同作耶稣复活的见证。」（使徒行传一章21～22节）

请注意第一批使徒必须目睹过耶稣在地上的整个事工，从约翰为祂施洗直到钉死与复活。门徒提出两个有此资格的人：约瑟与马提亚。他们祷告、摇签，求神借着签显明祂的人选。

「于是众人为他们摇签，摇出马提亚来；他就和十一个使徒同列。」（第26节）

于是，马提亚成为第十二名使徒。很多人感觉这个使徒任命不太站得住脚，但是经文没有只字词组的质疑。当彼得开始讲那篇闻名的五旬节讲章，我们看见经文说：「彼得和十一个使徒站起…… 。」（使徒行传二章14节）其他十一人同时被视为一个群体，而且都被称为使徒。所以我们反而看到圣经认可马提亚的任命。于是，在五旬节之前，有耶稣、十二门徒，然后是马提亚，一共十四个人被任命为使徒。

耶稣升天后的使徒

我们要讨论的其他使徒，都是在五旬节与耶稣升天后所任命的。这是很重要的一点。保罗引用诗篇六十八篇18节，就是讨论到这些事：

「所以经上说：祂升上高天的时候，掳掠了仇敌，将各样的恩赐赏给人。」（以弗所书四章8节）

请注意，祂升天之后，才将这些恩赐赏给人，而我们在本章开始看到，这些恩赐在以弗所书那段括号的内容之后，才一一特别提起：

「祂所赐的，有使徒，有先知，有传福音的，有牧师和教师。」（第11节）

这份名单没有提到第一批十二使徒，而是耶稣升天之后被指派的使徒、先知与其他职分，用词清楚，绝没有含糊。

且让我们找出五旬节以后被任命的使徒：

「在安提阿的教会中，有几位先知和教师，就是巴拿巴和称呼尼结的西面、古利奈人路求，与分封之王希律同养的马念，并扫罗。他们事奉主、禁食的时候，圣灵说：『要为我分派巴拿巴和扫罗，去做我召他们所做的工。』……他们既被圣灵差遣……。」（使徒行传十三章1～2、4节）

寻找使徒像侦探工作一样，是个分析、推论、归纳的迷人过程。请注意保罗与巴拿巴受神差遣后，接着在下一章就被称为使徒。

「城里的众人就分了党，有附从犹太人的，有附从使徒的。」（使徒行传十四章4节）

「巴拿巴、保罗二使徒听见…… 。」（第14节）

保罗与巴拿巴在圣灵带领下，被任命、差派前往完成特别的事工，于是就成为使徒。我曾经以为，使徒是从天上飘下来的，已经万事俱备，到了现场就能行动。然而这种想法并不符合圣经。在事工中，是要逐步晋升。圣经中有很多人开始并不是使徒，但是在其他事工中证实自己的能力，因此被升为使徒。这是很合理也很实际的行事方式。

除了耶稣与十二使徒，保罗与巴拿巴也是两名新使徒。下面又提到另外两名使徒。保罗写道：

「又问我亲属与我一同坐监的安多尼古和犹尼亚安；他们在使徒中是有名望的，也是比我先在基督里。」（罗马书十六章7节）

这里有另外两个人，安多尼古和犹尼亚，也是出众的使徒。我认为「有名望的」一词含盖了上述经节的意思。他们不仅是使徒，而且是知名、杰出的使徒。他们显然是保罗的亲戚，比他早一步归信基督。

翻到哥林多前书第九章，又提到其他新约使徒：

「难道我们没有权柄娶信主的姊妹为妻，带着一同往来，彷佛其余的使徒和主的弟兄并矶法一样吗？」（第5节）

我们知道矶法是彼得的另一个名字。请注意保罗在使徒当中加上「主的弟兄」，亦即耶稣肉身家庭的兄弟。我们看见加拉太书第一章也证实这一点：

「过了三年，才上耶路撒冷去见矶法，和他同住了十五天。至于别的使徒，除了主的兄弟雅各，我都没有看见。」（第18～19节）

由这里的措词看出，耶稣的弟弟雅各已经被承认为使徒。我们可以翻到马太福音找到耶稣有几个肉身兄弟。此处，耶稣家乡的拿撒勒人对祂的身分与家庭作出评论：

「这不是木匠的儿子吗？他母亲不是叫马里亚吗？他弟兄们不是叫雅各、约西〔有古卷：约瑟〕、西门、犹大吗？」（马太福音十三章55节）

雅各以雅各书信作者最为人所知，犹大则是犹大书的作者。犹大以古代书信的一贯作风，以人名与头衔开始，自称为雅各的兄弟：

「耶稣基督的仆人，雅各的弟兄犹大……。」（犹大书1节）

耶稣的肉身兄弟在祂复活之后，没有一个以兄弟的关系称呼自己，非常耐人寻味。犹大称自己是「雅各的弟兄」——雅各是二哥——也称自己是「耶稣基督的仆人」。雅各书一开始也写道：「作神和主耶稣基督仆人的雅各」（雅各书一章1节）。其实保罗在哥林多后书五章16节也说：「纵使曾按肉体认识基督，如今却不再这样认识祂了。」（吕振中译本）耶稣复活升天以后，这种肉身关系就没什么重要，也不必再凸显。这是个多么重要的教训，让我们知道，只有与基督现在的关系才最要紧！

耶稣的另外两个弟弟没有这么出名，但是我相信把这四段经文并列，可以清楚看见，雅各、约瑟、西面、犹大在早期教会已被承认为使徒。所以我们又有了四位使徒。现在来看看提多与其他人的情况。

> 「论到提多，他是我的同伴，一同为你们劳碌的。论到那两位兄弟，他们是众教会的使者，是基督的荣耀。」
> （哥林多后书八章23节）

「使者」的希腊文就是apostolos。我想英王钦定本圣经以及其他译本译者觉得，使徒只有原先十二位，或许再加上保罗，然后就没有了。所以他们没有用「使徒」这个字，但是这么翻译并没有什么根据。这节经文应该作「他们是众教会的使徒」。他们被称为使徒，因为每个人都是从某教会差派出来的。经文没有特别提到他们的名字，但以复数呈现，所以最少是两位。除了在此有具名的提多，还有至少其他两名使徒。

有关提多，在以他为名的书信看见他作使徒的事工。保罗如此写给他：

「我从前留你在革哩底，是要你将那没有办完的事都办整齐了，又照我所吩咐你的，在各城设立长老。」（提多书一章5节）

如前所见，提多要在每个城市行使按立长老的使徒职事。所以，由上述经节以及哥林多后书八章23节可以看出，保罗与其他人都承认提多的使徒职分。把这些经文并列，看见有提多与至少其他两名使徒。

翻到腓立比书，可以看到更多使徒：

「然而，我想必须打发以巴弗提到你们那里去。他是我的兄弟，与我一同做工，一同当兵，是你们所差遣的[使徒]，也是供给我需用的。」（腓立比书二章25节）

「你们所差遣的」应该译为「你们的使徒」。以巴弗提以使徒身分被腓立比教会差遣。由其措词明显看出，每一使徒都是由一个地方教会所差派，而地方教会对这位使徒负有责任。例如，保罗与巴拿巴从安提阿被差派，以巴弗提从腓立比被差派，而哥林多后书八章23节的「使者」由没有具名的地方教会所差派。

我们在帖撒罗尼迦前书第一章又看见两位使徒。古时候，两三人共同写一封信，名字共同并列为作者，是很普遍的作法，一如这节经文：

「保罗、西拉、提摩太写信给帖撒罗尼迦…… 。」（第1节）

这三位是写这封信的人。请注意他们对共有的职分有何描述：

「我们作基督的使徒，虽然可以叫人尊重，却没有向你们或向别人求荣耀…… 。」（帖撒罗尼迦前书二章6节）

他们实际上是在说：「因为我们是使徒，原本大可以管你们、要求你们，但我们没有这么做。」我们已经把保罗算为使徒，不过这里又有西拉和提摩太。如果把耶稣升天后所提到的使徒加起来，至少有十四人，或可能更多，因为有一处经文，不知道有多少使徒没有具名。

对大部分人来说，发现五旬节之后竟然有十四人之多被立为使徒，的确会吓一跳！因为对于经文的传统解释还是主宰着我们的思路。

使徒职分的权柄

我们首先重回马太福音，详细检视使徒事工的权柄：

「耶稣叫了十二个门徒来，给他们权柄……耶稣差这

十二个人去。」（马太福音十章1、5节）

强调使徒权柄来自神非常重要。耶稣把能力或权柄赐给门徒，然后差他们以使徒身分出去。同样地，圣灵也对安提阿教会的五名先知与教师说：「要为我分派巴拿巴和扫罗，去做我召他们所做的工。」（使徒行传十三章2节）安提阿的领袖禁食祷告后，为保罗与巴拿巴按手，「就打发他们去了」（第3节），于是他们成了「受差遣的」或使徒。

我们这么说是正确的：神使用人成为祂的工具，驱使保罗与巴拿巴以使徒的身分出去做工。然而，他们内里也领受了呼召：「要为我分派巴拿巴和扫罗，去做我召他们所做的工。」别人为他们祷告、差他们出去以先，神已经个别在他们内心发出呼召。圣灵在该节是公开他们的呼召，将祂权柄的印记放在他们身上。虽然是教会认可、正式批准的职事，但起源在于神。

我想这个真理的重要性不仅在于使徒职分而已。在人类背后是圣灵的权柄，在圣灵背后是教会的头耶稣基督。所以教会中设立每一职分的最终权柄是神的权柄。神与代理神的人之间有相互依存的关系。正如有人论及方言所说：「没有神我们办不到；没有你，神也办不到。」很多事工的确都是如此。没有神我们不能做，没有我们，神也不会去做。神刻意倚靠人类作为祂的工具，成就祂的旨意。我们看到人作为神的工具，也承认他的功用，然而我们透过人类必须看到全能神，祂才是最终权柄。

所以在认可、差派机动性事工上，神与教会有合作的关系。我想「使徒行传」这个卷名已经说得很清楚了。有人认为应该称为「圣灵行传」。我们知道是圣灵在幕后工作，但是圣灵如果找不到愿意去做的人，什么也不会发生。

耶稣极其想要祝福、医治、拯救、带来和睦。但除非祂的身体——教会——愿意去执行，否则祂无法行出这些事情。教会可以开始做神要她做的事情之先，神已等了好几个世纪。这是我的心意与祷告：愿我们能够藉这本书，更加乐意成为耶稣基督的工具，使祂的旨意成就。我们的眼目要超越常常软弱出错的工具，看到将权柄赋予祂子民的神。不过，人确实是神在地上的工具。

保罗总是极力强调他的使徒职分不是源于人，这特别值得思考。其实，保罗的使徒职分当时常受人质疑。我们会想，最不该受质疑的人就是使徒保罗！但是在哥林多后书十章10节，有人批评他「气貌不扬，言语粗俗」。保罗不是在台上讲道型的人。我在想，彼得一定是个很优秀的讲员，但保罗绝对不是。当时很多人瞧不起保罗，迫使他要常常采取强烈的立场，声明他是个使徒——不是出于人，而是出于神的使徒。我们来看两个例子。在加拉太书一章1节，他形容自己是

> 「作使徒的保罗（不是由于人，也不是借着人，乃是借着耶稣基督，与叫祂从死里复活的父神）。」

请注意，他对这个事实的态度斩钉截铁，实际是在说：「没有人立我作使徒。我的职分是出于父神与耶稣基督。」他在另一处也同样写说：

「奉我们救主神和我们的盼望基督耶稣之命，作基督耶稣使徒的保罗。」（提摩太前书一章1节）

我们永远也找不到一位完美无缺的传道人，但分析到最后，我们面对的不是仆人，而是他所服事的神。我还记得一九六四年离开在西雅图的牧职，会友看到我们走都很难过。最后一个礼拜天，有位执事很自然地说：「我觉得我们应该请叶弟兄与叶姊妹走到前面来，为他们按手，差他们出去。」我没计划这一点，没有人计划这一点。但我一直珍惜这次的经历，因为地方会友认可我们的服事，为我们按手，差我们出去。我感觉到神希望这么做。这些人不是我们眼中的「杰出」领袖；说句实话，这些执事可说是一团乱！他们有两年的时间经历任何教会可能遭遇最严重的问题。然而，他们却在那一次成了神的工具，因此我们尊重他们。

我们可以说，教会对神的态度，可以从教会对神赐给他们的传道人的态度看得出来。其实，基督徒要如同尊重神一样，尊重教会中神所设立的职分。我们在士师记看见这个原则。神借着女先知底波拉呼召巴拉，要将以色列人从侵略国家手中拯救出来。巴拉对底波拉说：「你若同我去，我就去。」在当时，这可不是什么男子汉的态度。底波拉说：「我如果同你去，荣耀就不是你的了，因为神会使用另一个人。」神使用了一名妇女，也就是基尼人希百的妻子雅亿，杀了敌军领袖（参考士师记四章4～22节）。士师记有着众所皆知的战争胜利后的底波拉之歌，里面有这么一句：

「耶和华的使者说：应当咒诅米罗斯，大大咒诅其中的居民；因为他们不来帮助耶和华，不来帮助耶和华攻击勇士。」（士师记五章23节）

「大大咒诅」措词极为强烈。米罗斯是以色列的一座村落。圣经中宣告、记载对一群人的咒诅，是件很可怕的事。为什么要宣告咒诅？「因为他们不来帮助……」不是不帮助巴拉，而是不帮助「耶和华」。换句话说，耶和华认同那些服事祂的人。至于对巴拉的呼吁没有反应，没有帮助他的人不是辜负了巴拉，而是辜负了耶和华。

今天的教会也一样。一个人受神呼召，在神所赐的事工中发挥功能，就是神的代表。从信徒对他的态度，最能够看出他们对神的态度。他们对神或许说出敬虔的话，但是真正的态度见于他们如何对待神所差派的传道人。我们不知道神的一切计划。保罗固然要不断坚立神所赐的权柄，同时神也以前所未有使用使徒的方式来使用保罗。

使徒的功能

我们现在来看看使徒的两个主要功能：一、建立合宜有次序的教会，二、将次序带进已经存在的教会。提多书一章5节便是个例子。保罗告诉提多，要在革哩底岛上已有的教会按立长老，使教会步上正轨。我认为，使徒的事工一定包含先知、布道者、牧师、教师中的一两样。使徒整顿岛上的教会所需要的恩赐非常广泛，显出使徒的事奉面涵盖极广。他要发挥很多角色的功能！

使教会成形

如前所见，使徒的目标是「被差遣」，扩展神的国度疆界。若是「静态的使徒」便是自相矛盾了。使徒事工的精髓就是走出去。我并不是说使徒绝不应该在一个定点，但是当他定下来，便是发挥长老的功能。彼得写道：

> 「我这作长老、作基督受苦的见证、同享后来所要显现之荣耀的，劝你们中间与我同作长老的人。」（彼得前书五章1节）

译为「同作长老的人」这个希腊文是个常用的词汇。在地方教会的治理群，没有比长老更高的职分。所以，使徒只是同作长老的。这不是说他们没有权柄。如果使徒以他的权柄发言，而你没有听进去，你必定会感到难过。但是，这种权柄的发挥是出于别人认可，而不是出于制式化。

新约使徒去福音没有传到的地方，带领人归主，建立发挥功能的教会。他们所到传讲之处，几乎都建立了教会：

> 「二人在各教会中选立了长老，又禁食祷告，就把他们交托所信的主。」（使徒行传十四章23节）

他们不是只留下门徒或祷告小组而已，而是建立有次序的地方会众。

但是，使徒也指导那些不是自己事工所生的教会。例如，使徒保罗写信给素未谋面的罗马信徒（参考罗马书一章10～11节）。他在这封书信作出很多权威性的教导与指示。在歌罗西书也看到同样的情况：他对一群尚未造访过的信徒作出教导与指示（参考歌罗西书二章1、5节）。

各位要记住彼得与保罗都写信给加拉太的教会，他们并没有在那里工作、建立教会，还是对他们行使身为使徒的权柄。我要再强调的重点是：使徒对地方教会确实具有权柄——主要是对由他们事工直接产生的教会。除此以外，使徒也对所有教会具有权柄，如圣经所指示。

在加拉太书第二章，我们读到彼得、约翰与保罗、巴拿巴会面，讨论神赐给他们的事工与信息的性质，并且澄清一些误会：

> 「[彼得与约翰]反倒看见了主托我传福音给那未受割礼的人，正如托彼得传福音给那受割礼的人。（那感动彼得、叫他为受割礼之人作使徒的，也感动我，叫我为外邦人作使徒；）」（第7～8节）

在本书第十四章，我提过自己的看法：使徒被差往一群人中间，而不是被差往一个地区。请再注意彼得的使徒职分一般而言是对受割礼的人（犹太人），保罗的使徒职分一般而言是对外邦人，超越了彼得或保罗已经建立的教会。所以说，一个真正的使徒在整个普世教会具有权柄，不论他是否成为神的工具，使某个教会诞生。我觉得这是普通常识，但知道这是出于圣经的教导很重要。

在哥林多前书十二章28节，我们看到教会的主要职分：

「神在教会所设立的：第一是使徒，第二是先知，第三是教师，其次是行异能的，再次是得恩赐医病的，帮助人的，治理事的，说方言的。」

保罗很明显不是讲到普世教会，因为他没有提到传福音的，这个职分主要是在地方教会以外运作。所以在地方教会以内，有个具体的权柄次序。第一是使徒，第二是先知，第三是教师，第四是行神迹，第五是医病恩赐。如果有使徒在场，他的职分是地方教会的首要职分，其次是先知与教师。这三项重要事工都是话语的事工。这里的重点是，神话语的事工优先于所有其他形式的事工。最终权柄在于神的话语，以及代表这些话语的人物。

也请注意，使徒也有不同的层次。这一点非常重要。如保罗所说：「但我想，我一点不在那些最大的使徒以下。」他以同样的用语又说：「我虽算不了什么，却没有一件事在那些最大的使徒以下。」（哥林多后书十二章11节）先前我们看到安多尼古和犹尼亚是「在使徒中是有名望的」（罗马书十六章7节）。

既然有「最大的」以及「有名望」的使徒，因此也显然有「不是最大的」或没有名望的使徒。我们会认为每个使徒都要像彼得或保罗，但事实并非如此。例如，有人天生就是个布道者，但并没有葛理翰的规模，然而这无损于他是个天生的真正布道者。使徒也是如此。

分辨假使徒

本章结束之际，我们来思考最后一个关键问题。保罗讲到有些使徒以牧者身分出现于哥林多教会：

> 「那等人是假使徒，行事诡诈，装作基督使徒的模样。这也不足为怪，因为连撒但也装作光明的天使。所以牠的差役，若装作仁义的差役，也不算希奇。他们的结局必然照着他们的行为。」（哥林多后书十一章13～15节）

人可以声称自己是使徒，其实是撒但的工人，而不是基督的工人！这是个严肃又重要的事实。他们不仅是被误导、有错谬的人，而确实是撒但的差役。我们必须学习分辨的功课，否则会遭受惨痛代价。使徒的声称要被验证。我们要想到耶稣在启示录因此夸奖以弗所教会：

> 「我知道你的行为、劳碌、忍耐，也知道你不能容忍恶人。你也曾试验那自称为使徒却不是使徒的，看出他们是假的来。」（启示录二章2节）

这是每个地方教会的责任：验证使徒，只接受那些合乎圣经的人。他们的服事通过验证了吗？他们活出什么样的生命？在这末后时代，验证使徒的事工是何等重要！下一章勾勒出真使徒的记号，有助于我们验证、接受真正有职分的人。

第 17 章

真使徒的记号

真使徒有七个重要记号：一、心怀「远方」；二、有能力完成使徒的一切特殊使命；三、建立反应出使徒心胸的教会；四、喜欢团队事工；五、对差派的教会负责；六、神迹奇事；七、坚忍不拔。

心怀远方

真使徒有一个不可磨灭的记号，就是他的目标总是在已经建立的教会以外的世界。他急于完成目前范畴的工作，好纵身跃入下一个事工。「安定的使徒」是个自相矛盾的字眼！保罗写道：

> 「我们不愿意分外夸口，只要照神所量给我们的界限够到你们那里。我们并非过了自己的界限，好像够不到你们那里；因为我们早就到你们那里，传了基督的福音。我们不仗着别人所劳碌的，分外夸口；但指望你

们信心增长的时候，所量给我们的界限，就可以因着你们更加开展，得以将福音传到你们以外的地方；并不是在别人界限之内，借着他现成的事夸口。」（哥林多后书十章13～16节）

请注意「界限」这个字出现了四次，「地方」出现了一次。这是多么合乎使徒的思维啊！首先，他有个界限的意识：他的权柄有地理与属灵上的限制。倘若一个人在基督身体中具有重大权柄，却没有，或不知道自己的限制，这是非常危险的。但是当使徒在正确的地域里行事，神就会让他带出惊人的果效，就像保罗一样。假使徒则只是抓住新的地点来行使权柄，扩张他的影响范围。然而，真使徒却在自己的区域内，谨慎忠心地完成神的目标。神借着他在目前的地区建立教会，带他进入下一范畴。

这种作法，在传福音上产生非常美好的质量管理。只有成功的使徒才有资格扩展到下一个地区。今天我们时而有假牧师或假使徒，在自己的地区造成一团混乱，然后又在另一个城市出现，把麻烦带到那里。如果规定只有在目前教会健康的情况下才能受差派出去，就不会有那种情况出现。

有能力完成使徒的一切特殊使命

「假若在别人，我不是使徒，在你们，我总是使徒，因为你们在主里正是我作使徒的印证。」（哥林多前书九

章2节）

哥林多信徒是保罗使徒职事的印记或见证，因为他们就是保罗可以做出使徒事工的证据。保罗到哥林多这个福音没有传到的地方，带领人得救，使他们受水与圣灵的洗，操练圣灵的恩赐，并且以自己的长老建立一个地方教会。换句话说，由上到下，保罗自己可以做所有的工作。做到这一点就让他被分别出来，或是被建立，进入使徒事工。如果保罗只是个布道者，他或许可以带领哥林多人归主，但是仍需要另一个人来继续完成事工。如果他只是个教师，他可能就不太会带领人得救。能够做所有的事工，是使徒的明证。

使徒的任务可总归如下：他是「聪明的工头」，建立并维持教会的次序。

> 「我照神所给我的恩，好像一个聪明的工头，立好了根基，有别人在上面建造；只是各人要谨慎怎样在上面建造。」（哥林多前书三章10节）

使徒是工头，对建筑的每一阶段都了如指掌——包括从地基到屋顶。我们要想到保罗去哥林多之前，福音尚未传到那里，所以没有信徒。他在那里传福音之后，帮助当地发展出完整、自给自足、自我治理的地方教会。那可是个超自然的任务！我数十年来在信徒中间工作，可以作证：只有使徒才能在一个新的地方塑造出发挥功能的教会。

使徒的印记是一种外在的鉴定，谁要看都能看得到。大家若在接受使徒权柄之前，好好检验使徒的印记，带着使徒头衔的人就不会出现得这么频繁了。我们应该拜访使徒建立的教会，检验他的事工果子。保罗敢邀请质疑他权柄的人检视他的事工，而不是检视他的网站！使徒渴望结出长远的果子。他们的教会或许不大，但却是由聪明的工头所建造。

建立反应出使徒心胸的教会

使徒热爱地方教会，他的最终心愿就是要让这些地方教会得以建立，履行他们的呼召。我注意到一个真使徒建立的教会有几个征兆：

- 有宣教心怀
- 着重祷告
- 族群多元化
- 关心穷人

换句话说，他们反应出建堂使徒的心胸，因为他的梦想就是将神的国度拓展到整个城市、整个世界的每一角落。

喜爱团队事工

使徒独自投身事工，不符合圣经原则。新约圣经绝对没有这种例子。用现在人们常用的字眼来说，真使徒不怕团队事工。那些行使重大权柄的人，有稳固的人际关系是健康的现象。以弗所书四章 11 节列出的五项主要事工，有三项是用复数——使徒、先知、牧者。绝对不会是那个使徒、那个先知、那个牧者。只有两项事工用了单数：传福音的与教师。差别在哪里？使徒、先知、牧师是着眼于教会的次序。因为这是个非常重要的事工，神并非只托付给一个人。多人是真使徒事工的关键因素。

在此我一定要将传福音的人与使徒作个比较。请注意使徒行传第八章腓利的故事。他只身下到撒玛利亚这个当时的重要城市。他自己行动，没有什么委员会。也没有乐队、市长、警长来欢迎他，什么都没有！就这么去了撒玛利亚，却造成天翻地覆的改变。但这第一位布道者并没有完成教会建造的工作。他带领人进入两种经验——救恩与水礼。他甚至没有带领人接受圣灵的洗。第14节记载着故事的后续：

> 「使徒在耶路撒冷听见撒玛利亚人领受了神的道，就打发彼得、约翰往他们那里去。」

只有一个传福音的人，但是有两名使徒。传福音的人是神的「伞兵」，深入敌方境内，在敌人还没察觉前就造成破坏。使徒通常是这五种主要事工的组合。他能向传福音的人破土，同时也能完成建造工程。因为使徒注重次序问题，因此是以团队形式做工。

对差派的教会负责

使徒如果没有受差遣，就不算是使徒。若要被差遣，就必须有差遣你的人。如前所见，差派使徒是地方教会的责任，负责使徒的伦理、德行、教义。如果使徒偏离正道，地方教会有权撤销对使徒职分的认可。

使徒如果留在所分配的地理与属灵范畴上，就能造福无穷。如果在一些神没有赐恩的情况中「冲昏了头」，那就是灾难一场。一个真使徒知道如何常常敏于合宜、敬畏神的态度，同时不失其使徒的胆识与信心。请记住使徒有真有假，所以必须试验他们。很多人无从想象，服事的人怎么会是个骗子，但的确有这种情况。夸大其词、缺乏金钱伦理、情欲的罪、教义的错谬，是机动性事工中常见的过失。

神迹奇事

使徒也借着神迹奇事的见证表明自己的使徒职分。使徒不仅是成功的牧师或布道者。了解这个观念很重要，因为我们有时会把使徒用在这两种人上。我们为成功的牧养事工感谢神，但是单单牧养本身不足以成为使徒。使徒的事工必须包括超自然的因素：

> 「我在你们中间，用百般的忍耐，借着神迹、奇事、异能显出使徒的凭据来。」（哥林多后书十二章12节）

我们来看看这节经文其他两种翻译，以完全掌握这里的教导：

> 「真使徒的记号在你们中间以万般的坚忍，借着神迹奇

事和异能都显出来了。」(NASB)

「作为使徒记号的事——神迹、奇事、异能——在你们中间以极大的坚忍行出来。」(NIV)

我想这三个翻译说得相当清楚，没有神迹的使徒是不完整的使徒。他可能是初学的使徒，可能将要成为使徒，但不是新约圣经所说的使徒。

一九六四年，我与很多基督徒认识的肯尼斯．哈金(Kenneth Hagin) 弟兄在聚会上一起服事。他发出一个预言，我到今天还记在心里。当他预言神在教会的作为，说了这句话：「神要把使徒的身量完全带出来。神要把先知的身量完全带出来。」这句话是引用以弗所书四章13节「得以长大成人，满有基督长成的身量」。不久前，神对我清楚说到，祂要在基督的身体中产生使徒与先知，甚至不需要给他们这些称呼，因为他们的事工与果子会充分证明他们的地位。

我发现不少人对超自然界持有负面的态度。如果有人领受异象，人们就会觉得那个人是「神经病」。这么说的话，保罗与彼得也有神经病。我也听到人说，某某人有超自然的事奉，但是却没有与其相称的品格。他们因而作了不合逻辑的归纳，不愿意沾染任何超自然事工。没错，有些信徒能够行神迹，有些信徒能展现敬虔的品格，但是为什么有品格的人不能行神迹呢?

想想我们佩服的新约人物：耶稣、彼得、约翰、司提反、腓利、保罗。耶稣与其他这些人都有相当惊人的超自然事工。当然，新约中品格著称的人也行神迹。

超自然在使徒事工中的目的

超自然因素强化神赐给使徒的事工，有两个主要目标：

1. 产生顺服

论到基督，保罗说：

「我们从祂领受了恩典和使徒的职分，在万族中使人因祂的名相信而顺服。」（罗马书一章5节，新译本）

神赐下使徒职事，为的是要人「相信而顺服」。但是要如何达到这一点呢？

「除了基督藉我做的那些事，我什么都不敢提，只提祂藉我言语作为，用神迹奇事的能力，并圣灵的能力，使外邦人顺服。」（罗马书十五章18节）

我们看另一种译法：

「别的我不敢说，我只说基督借着我所作的事，就是用言语行为，借着神迹和奇事的大能，以及圣灵的大能，使外族人顺服。」（罗马书十五章18节，新译本）

超自然有一个很实质目的，就是使人目睹神的权能与力量，进而相信基督。当我在东亚一所大学作校长，牧养一群年轻人时，这个真理对我突然清晰起来。基本上学生都很合作，也有意愿，而我则尽己所能地教导、讲道。我借着各种管道把圣经塞进他们头脑，他们也说：「是的，校长；是的，校长」，但成果却令人失望。我的服事似乎缺少了什么。后来我对主说：「从此，我不要他们变成我希望他们变成的样子。我要为他们祷告。」六个月以后，有个没受过什么教育的非洲人，拿着一把吉他却不太会弹，出现在我面前，说：「我想要对您的学生传讲信息。」

如果我的学生有什么可引以为傲，那就是他们所受的教育。我自忖：一个没读完小学五年级的人，到底如何让这群学生信服？我的妻子以其特有的智慧对我说：「我们跟他一起祷告，看看他是什么样的人吧。」与他祷告，简直如同在天堂的大门前，所以我们说：「既然他能作出这样的祷告，我们就让他传讲信息吧。」

结果神的能力降临，神迹发生，那些学生数周间就脱胎换骨，完全不一样。灵与魂之间有很大的差别。我一直想要以教训、辅导、纪律触摸他们的魂。这些都是好事情，但是功效有限。神迹能触摸人的灵，因为是出于圣灵的超自然能力。你可以无休止与人理论下去，但也只能到某个程度。必须要有完全出于超自然的事情发生方可。

这个真理对我尤其再清楚不过，因为我有理性背景。成为基督徒以前，我读得懂错综复杂的著作，可以读英文、希腊文、拉丁文，甚至俄文；但是我不明白福音！这是让我最感挫折的一点，直到发生了神迹的经历，我才真正明白。之后，我对福音的理解可说是无法制止。所以我愿意指出，神迹不是表面功夫。

有一次，我与一群优秀的牧师在迈阿密聚会。有个人受邀谈论他对水礼的心得。他是个好人，我也尊重他的意见。他说，他发现如果教导信徒水礼的意义——埋葬旧性情与过往种种——之后他们的行为与品格就不会有重蹈覆辙的问题，一次处理就好。他又说，他们通常让信徒上六个星期的课程，再为他们施洗。

我不是故意要嘲弄他的立论，但因为有发问时间，我就起来问道：「那么，为什么在新约总是得救当天就为他们施洗？腓立比的狱卒甚至不用等到天亮就受洗了。请问差别在哪里？」容我告诉你差别在哪里。有圣灵的工作，立即赐下启示，没有任何可以取代圣灵的工作，并且减少很多无谓的灰心与挫折。教导神的话语非常要紧，但是就水礼而言，有超自然的启示就够了。

有些人有神迹事工，有时我们会不太瞧得起他们。但是批评他们之前，最好先查查他们花多少时间在祷告上。

2. 产生最高结果

超自然工作的第二个实质目标是在最短的时间里产生最高结果。我们若是再看使徒行传第十四章，就会发现使徒经过一些城市，使人归信基督，然后继续前行，等再回来的时候，就为他们任命长老。我想，这期间最多不会超过六个月。今天有几个地方能这么做？我们常常觉得，需要两到五年才能培养出长老的人选。新约中有些工作是我们今天不常看到的。在圣灵中，事情几乎可以立即成就，而这就是超自然。超自然不仅是以神迹令人信服，而且有超自然的氛围，就好像将耶路撒冷迁移到光芒明澈如水晶的地方——马上就能看清事情，不需要坐下来跟他们理论。

就以辅导为例。我不是个善于辅导的人，这是我的弱点。人确实需要辅导，但我若听人讲两个小时会受不了！我没有那么多耐心。我情愿替他们赶鬼，释放他们。不过，我要读者知道，赶鬼不能取代辅导，但是在某些情况，可以缩短辅导的时间。另一样有助于辅导的是知识的言语。有些人坐在那里讲他自己版本的故事，但你就是知道他在说谎，事情不是他讲的那回事。这就是超自然的知识。

我敢说每个人现在就想成为使徒。不过在你最后决定申请之前，我先告诉你需要些什么。在你递上使徒申请表以前，先听听使徒的工作内容。哥林多教会相当有知识，并且相信自己已经知道一切、拥有一切。所以保罗告诉他们：

> 「你们已经什么都有了！你们已经富足了！你们在作王，把我们撇在一边。好吧！我倒愿意你们真的作王，好让我们也跟你们一起作王。因为，据我看来，神显然是把我们这些作使徒的列在最末后，好像判了死刑的囚犯，在天地间成了一出戏，让天使和世人观

看。我们为基督的缘故成了愚笨的人，而你们在基督里倒很聪明；我们软弱，你们倒坚强；我们被轻视，你们倒受尊重。直到现在，我们还是饥渴交迫，衣不蔽体，常常挨打，到处流浪，并且双手辛劳工作来养活自己。被人咒骂，我们就说祝福的话；受人逼迫，我们就忍耐；被侮辱，我们就用好话回答。直到现在，我们还被看作是世上的垃圾、人间的渣滓。」（哥林多前书四章8～13节，现代中文译本）

现在你可以在申请表上签名了！

坚忍不拔

我们再回到哥林多后书十二章12节，保罗描述使徒职分的一些记号：

「我在你们中间，用百般的忍耐，借着神迹、奇事、异能显出使徒的凭据来。」

使徒必须有耐心与恒心。当别人灰心、放弃、回头，使徒仍得坚持下去。例如，所有人都离开保罗，他说：「底马离弃我，没有人跟我在一起，但我还是坚持下去。」（参考提摩太后书四章6～18节）

请注意哥林多后书十二章12节「在你们中间」这个词，意思是在哥林多教会已经显出这些神迹。使徒的品格有力量在一个地区持续工作，直到有神迹奇事在地方教会作为话语的确据。使徒不仅从一个地区到另一个地区，也会在一个地方留守，一直到上轨道。这是真使徒有别于假使徒的一个特点。真使徒对每个开拓的教会有着为父心肠（参考哥林多前书四章14～15节）。他会一直留守到那里不再需要他，然后任命可以像他一样执行任务的领袖。

很多人的机动性事工展现出恒心，但是从来没有行神迹奇事，有些则强调超自然，但是对工头该做的基本工根本没什么耐心。真使徒在与人的关系上展现恒心，这至终会营造出超自然事迹发生的氛围。

今天需要使徒

使徒事工虽然潜藏很多被滥用的可能，但在今天仍有无比需要。想想在中国、印度、非洲教会的爆增成长。我个人知道有使徒在神临在的一些原始地带，建立、看管成千上百的教会。教会如果没有包括使徒在内的五重职事，又如何能长大成熟呢？如前所见，圣经所提的使徒，有半数在基督升天之后才被兴起，意即使徒的职分在今天依然有效！只因为有假使徒，不足以构成取消使徒的理由，就好像滥用方言，不足以构成不说真方言的理由。滥用的补救之道绝对不是停用，而是合宜使用。

近几年，我看见很多使徒事工与网络兴起，也对他们保持开放态度。我确知我们是在恢复使徒职分的起步阶段，动机、人际关系、运作方式在这段时间都会受到考验。我相信我们会目睹纯正的使徒事工重新浮现，特别是在第三世界国家。我不指望西方国家在恢复的路上带头，因为他们还有太多的自我意识与殖民者心态。我的目光放在亚洲以及其他正经历丰收的教会。我期待真使徒出现，也相信他会从我们没有意想到的方向出现。

在一九六〇年代末，主让我看见年轻人的大丰收将要临到美国。我看见他们在高中时就蒙召，没有先读圣经学院，或在世界上工作，便加入服事。其中有些人成了新约圣经所说的生机蓬勃、担当五种事工的全方位牧者。我与他们一直保持紧密联系。我相信使徒也将以这种方式出现，而我也祷告，当这样的使徒来临，我能够亲眼看见，并且支持他！

第 1 8 章

机动性事工：先知

现在我们要思考贯穿整本圣经的事工：先知事工。在使徒行传三章 21 节，我们读到「神从创世以来、借着圣先知的口所说的」。圣经中有些先知早在亚伯拉罕以先，诸如以诺，犹大书记载他说预言（参考第 14 ～ 15 节）。亚伯拉罕也被形容为先知。神对异邦国王亚比米勒说：「现在你把这人的妻子归还他；因为他是先知，他要为你祷告，使你存活。」（创世记二十章 7 节）

因此，使徒事工在新约时期才出现，先知事工则贯穿神与祂在地上的子民往来的所有时代，这相当重要，也相当有意思。先知事工远非怪异的新纪元现象，而是神与人交往的基础。

我们想想先知究竟是什么样的人物。在新约，先知这个字源自希腊文的 prophetes，字意是「传讲的人」。先知受圣灵默示，代表神传讲话语。基本上，你可以称先知为「神的传声筒」。

很多人对预言的印象就是预测未来，但这不正确。任何受圣灵默示，代表神发出的话语都可列为预言。有些预言关乎过去，诸如记载于创世记的起始篇章，摩西叙述了自然理智无法知道的远古历史。这些只能借着属天启示才能得到，因此摩西是以先知的身分讲述创造。

基本上，我认为圣经描述的先知是一个站立在耶和华会中的人。我们看看这一段惊人的陈述：

「主耶和华若不将奥秘指示祂的仆人——众先知，就一无所行。」（阿摩司书三章7节）

「奥秘」这个字也可以翻译为「策议」（counsel，NASB）或「计划」（plan，NIV）。这就是先知事工的性质：一个了解神内部策议的人。

神在每个时代都有一个特别目的，你如果想要列于神的祝福行列，必须在那段时间在祂的目的中行动。先知为一个情况或世代，展现出神的特别目的与策议。历世历代，神每做一件事，必定对祂的仆人先知启示祂的奥秘决策。

在旧约圣经

检视新约的先知事工前，我们先看看旧约的先知事工景象。旧约最伟大的先知之一以利亚，被推到以色列的历史舞台上。圣经对他的背景只字未提，他是以强有力的戏剧化方式突然出现：

> 「基列的提斯比〔原文：基列的寄住者之中〕有一位提斯比人以利亚对亚哈说：『我指着以色列的神、我侍立在祂面前永活的永恒主来起誓；这几年除非凭我说话，天必不降露或下雨。』」（列王纪上十七章1节，吕振中译本）

以利亚的勇气总是令我慑服。他是在说：「亚哈，从现在开始，雨露在我掌控之下，由我决定要不要降雨降露。」以利亚向亚哈介绍自己的用词，包含了先知的中心思想。他说：「我指着以色列的神、我在祂面前侍立的永活永恒主来起誓……」，关键词在于「我在祂面前侍立」。先知是侍立在神面前的人。

另一个常用来形容先知的词句，我们已经看过，就是「站在耶和华会中」。先知站在神面前，专心等候聆听、传递神的信息。这是真先知的基本要求：在神面前领受信息，并且以完全的权柄传递出去。这不是他的信息，而是神的信息。责任与后果在于神，不在先知。

圣经说，有三年半的时间没有下雨（参考列王纪上十八章1节；路加福音四章25节；雅各书五章17节）。以利亚证明了他的话：降雨降露由他掌控！经过这段时间，以利亚从耶和华领受新的托付：

> 「过了许久，到第三年，耶和华的话临到以利亚说：『你去，使亚哈得见你；我要降雨在地上。』」（列王纪上十八章1节）

这段话总会触动我的心，因为我从中看见先知不能与信息分隔。这不单单是信息，也是关乎带着信息的人。神说：「你去，使亚哈得见你；我要降雨在地上。」这是非常重要的一点。我记得听过一句话：「神使用人，不使用方法。」如果没有人按着去做，神的方法毫无用处。我不敢想还有谁能处于以利亚的位置，因为他将神的性情毫不含糊展现出来，他以胆识、不愿妥协、拒对邪恶的国王表示任何敬意，树立了神的一些典范。他拒绝向亚哈俯首称臣。他具有从神来的信息，并且决心传递出去。这才是真正的圣经先知精神。

另一方面，很多牧师会考虑人对他们所说的会有什么反应：「大家会作何想？他们会如何反应？我会冒犯他们吗？」圣经先知才不管别人对他们的信息有何反应，因为他们关切的是如何将从神来的纯正信息，不增添不删减地传递给人。他们无惧又严正。

真假先知

新旧约都有假先知。其实，耶利米书有个重要、发人省思的主题就是那个时代的假先知。假先知远比真先知多，正如亚哈王的时代一样。让我们看耶利米书第二十三章，当中真假先知的对比。读这章圣经，你会注意「站在耶和华的会中」这个用词的重复，与以利亚的「侍立在耶和华面前」相呼应。

> 「所以万军之耶和华论到先知如此说：我必将茵陈给他们吃，又将苦胆水给他们喝；因为亵渎的事出于耶路

撒冷的先知，流行遍地。」（耶利米书二十三章15节）

在此我们看见先知事工的影响。如果是纯正的事工，就带出纯正、洁净、医治的结果；如果混杂亵渎神的事工，就会给大地带来不洁与亵渎。今天在美国的不洁与亵渎背后，是因为那些假先知，错解神、错解祂的标准，所以整个国家都玷污了。从圣经的光照来看，祸首是假先知。

「万军之耶和华如此说：『这些先知向你们说预言，你们不要听他们的话。他们以虚空教训你们，所说的异象是出于自己的心，不是出于耶和华的口。他们常对藐视我的人说：耶和华说：你们必享平安；又对一切按自己顽梗之心而行的人说：必没有灾祸临到你们。』」（耶利米书二十三章16～17节）

今天当然有很多这种预言，与罪恶妥协，声称神赞同、容忍罪恶。这就是假预言。请听神怎么说：

「有谁站在耶和华的会中得以听见并会悟祂的话呢？有谁留心听祂的话呢？看哪！耶和华的忿怒好像暴风，已经发出；是暴烈的旋风，必转到恶人的头上。耶和华的怒气必不转消，直到祂心中所拟定的成就了。末后的日子你们要全然明白。」（第18～20节）

这段信息谈到了我们所处的末后世代。神接着又回到假先知的主题：

「我没有打发那些先知，他们竟自奔跑；我没有对他们说话，他们竟自预言。他们若是站在我的会中，就必使我的百姓听我的话，又使他们回头离开恶道和他们所行的恶。」（第21～22节）

徒有良好用意并不够。其实，若是没有从神来的话语，用意良好反而危险。

请再次注意真先知的记号是站在耶和华的会中。这些先知如果站在神的会中，听到祂的话语，使人听见神的话，人就会悔改、回心转意。所以，从某方面来说，先知对国家的光景也有责任。

「耶和华说：『我岂为近处的神呢？不也为远处的神吗？』耶和华说：『人岂能在隐密处藏身，使我看不见他呢？』耶和华说：『我岂不充满天地吗？我已听见那些先知所说的，就是托我名说的假预言，他们说：我做了梦！我做了梦！』」（耶利米书二十三章23～25节）

这些经文是指有些人具有超级启示、异梦、异象，但却只能刺激一下人的耳朵，而不具有真理与悔改的信息。我见过很多这种人——迷人炫目，但是产生不出合乎圣经的果效。

「『说假预言的先知，就是预言本心诡诈的先知，他们这样存心要到几时呢？他们各人将所做的梦对邻舍述说，想要使我的百姓忘记我的名，正如他们列祖因巴力忘记我的名一样。得梦的先知可以述说那梦；得我话的人可以诚实讲说我的话。糠秕怎能与麦子比较呢？这是耶和华说的。』耶和华说：『我的话岂不像火，又像能打碎磐石的大锤吗？』耶和华说：『那些先知各从邻舍偷窃我的言语，因此我必与他们反对。』耶和华说：『那些先知用舌头，说是耶和华说的；我必与他们反对。』耶和华说：『那些以幻梦为预言，又述说这梦，以谎言和矜夸使我百姓走错了路的，我必与他们反对。我没有打发他们，也没有吩咐他们。他们与这百姓毫无益处。这是耶和华说的。』」（耶利米书二十三章26～32节）

对先知的要求就是忠心传讲神的话语。「糠秕」是指假先知，「麦子」则指真先知。

我们在这些经文发现，一个国家的先知为着该国家的光景所要面对的责任，远超乎我们想象。站在耶和华会中的真先知，传递神的话语，并且带领百姓归向神。国家若是没有这种先知，就会被假先知蒙骗，带入歧途。

神在人中间无论行什么事，都会向站在祂会中分担祂奥秘的人显明。真先知知道神作为的内在动机与目的。这需要与神有非常亲密的个人关系。

「消化」神的信息

耶利米以自身经验讲到，成为神的传声筒意味着什么：

> 「耶和华啊，祢是知道的；求祢记念我，眷顾我，向逼迫我的人为我报仇；不要向他们忍怒取我的命，要知道我为祢的缘故受了凌辱。耶和华——万军之神啊，我得着祢的言语就当食物吃了；祢的言语是我心中的欢喜快乐，因我是称为祢名下的人。」（耶利米书十五章15～16节）

请注意，先知「消化」了神的信息。神给以西结一个卷轴，两面都写着哀号、叹息、悲痛的话，也发出类似的命令：「你要开口吃我所赐给你的」（以西结书二章8节）。当以西结吃了，就能够传递信息（参考以西结书第二～三章）。

我们又看到人与信息融为一。先知带出的信息，在传递之前，已经深入自己的心灵，成了生命的一部分。对旧约伟大的先知而言，都是如此。也可以说，他们在传递信息之前，的确需要先消化，或融会贯通。所以，先知对神、对祂的话语，有着独特的体认与感受。

没有以神的话为养分、为生命的人，没有资格领受祂的信息。有些人以为预言是借着惊人的启示，与圣经毫无关系，突然裂天而降。这是完全错误的看法。圣经中每一位借着言谈被称为先知的人，都亲身熟谙神的话语在那时代发出的启示。任何人对神的话语若没有深入的体认，就没有参与先知事工的资格。

与孤独同处

先知为神挺身而出，有时也必须独自静坐。这是毫无疑问的。先知耶利米说：

「我没有坐在宴乐人的会中，也没有欢乐；我因祢的感动〔原文是手〕独自静坐，因祢使我满心愤恨。」（耶利米书十五章17节）

我在英国军队服役四年半，所经历最困难的试炼就是「独自静坐」，因为我根本无法认同其他军人的所言所行。以我对神的认识，我无法接受那些军人的污秽言语、纵乐形式，以及对生命的态度。最难以独自静坐的地方是沙漠，因为你哪里也不能去。我还想不出比此更严苛的考验。我依然记得有无数夜晚独自静坐，因为神按手在我身上。那些不愿意的人，无法通过这个考验。

神的话语出自神口中

现在我们来看先知事工的真正核心：

「耶和华如此说：你若归回，我就将你再带来，使你站在我面前；你若将宝贵的和下贱的分别出来，你就可

以当作我的口。他们必归向你，你却不可归向他们。」（耶利米书十五章19节）

请注意，神确认了先知事工的精髓乃为「使你站在我面前」。神实际上是说：「我在找一个传声筒，但是愿意作我的传声筒，必须合乎我的条件。领受信息或启示的人，不可以与人妥协；不能降低或超越我所设下的标准与界线。他必须等待人回转，到他那里去。」这段经文清楚表达了神的要求，以及成为先知传声筒有何压力。

请注意当神的话从祂口中发出，有何情况发生：

「我口所出的话也必如此，决不徒然返回，却要成就我所喜悦的，在我发他去成就〔发他去成就：或译所命定〕的事上必然亨通。」（以赛亚书五十五章11节）

很多人误用这节经文，说：「神的话决不徒然返回」，然后对着一群死寂会众传讲没有受灵感、没有膏抹的信息。之后会众没有什么回响或反应，他们就耸耸肩，说：「神的话决不徒然返回。」圣经的真正意思是说：「出自神口中的神的话语，决不徒然返回。」必须由符合条件的传声筒传达出神的话语，才不徒然返回。

当我的话出自我口中，我的气也随之而出。没有气，我无法说话。同样，当神的话出自祂口中，祂的气（灵）也随之而出。神的话若没有神的灵，便无法带来生命，因为「字句是叫人死，精意是叫人活」（哥林多后书三章6节）。但是当神的话语借着灵从祂所拣选的传声筒出来，结果会非常惊人。如神应许耶利米所说：「我的话岂不像……能打碎磐石的大锤吗？」（耶利米书二十三章29节）神的传声筒发出神的话，将要摧毁一切障碍！

在新约圣经

有了旧约的先知事工背景，我们再来看新约。我们看见新约提到二十八名使徒，以及有十人被列为先知。

> 「当那些日子，有几位先知从耶路撒冷下到安提阿。内中有一位，名叫亚迦布，站起来，借着圣灵指明天下将有大饥荒（这事到革老丢年间果然有了。）于是门徒定意照各人的力量捐钱，送去供给住在犹太的弟兄。」（使徒行传十一章27～29节）

安提阿教会认可这个先知性的启示，并且按此采取行动。他们没有单单说：「真是太好了，我们得到一个启示。」他们也同时就此发出行动。

请注意，提到的先知（复数）中有位名叫亚迦布。此处的措词表示除了亚迦布，还有两位先知，所以至此在新约看到至少有三名先知。

> 「在安提阿的教会中，有几位先知和教师，就是巴拿巴和称呼尼结的西面、古利奈人路求，与……马念，并

扫罗。」（使徒行传十三章1节）

这里有五个人在教会被认为有先知的职分，所以我们有了八名先知。

「犹大和西拉也是先知，就用许多话劝勉弟兄，坚固他们。」（使徒行传十五章32节）

请注意，先知事工中也包含了劝勉的职事。请注意西拉被称为先知。我们在讨论使徒曾说过，西拉也被认定为使徒。这是另一个在事工上升格的例子。他从先知事工被升到使徒事工。再加上这两位，新约至此至少有十名被认可的先知。

先知的区别

现在我们再思考先知事工与其他机动性事工的区别。我们看见，使徒有特别的任务。当圣灵将保罗与巴拿巴分别出来，祂说：「要为我分派巴拿巴和扫罗，去做我召他们所做的工。」（使徒行传十三章2节）他们受召去做工，而先前讨论曾提到，那个工作基本上就是建立有次序的教会。另一方面，先知则有从神来的特别信息，在某一时间某一场地传递。这就是我何以破例用了「使者」，而非「使徒」的译法。如果有人能被称为「使者」，那就是先知了。使徒具有任务，先知具有信息，不是一般性的信息，而是直接从神来的信息，要在特别的时间与场合传递。

相对于先知，教师就没有个人从神来的特别信息。他只是解释神一般性的信息。容我以新旧约的例子说明这种区别。首先看先知约拿的事工：

「约拿进城走了一日，宣告说：『再等四十日，尼尼微必倾覆了！』」（约拿书三章4节）

尼尼微在神施行审判前，有整整四十天的时间可悔改。这个启示赐给一个特定的人——约拿，关乎一个特地的地方——尼尼微，在一个特定的时间。

如果约拿是布道者，他可能就进到城里传讲一般性的罪与后果，包括神的审判信息。他所讲的每件事都属实，但不会有离审判只剩四十天这种具体启示。所以，这个启示标示出约拿是先知。他如果是教师，很可能教导神的作为与审判的各层各面，但他不可能具有这些事件发生时间的具体启示。经验可以证明，当特别启示临到人的某种具体情况，再佐以神话语的一般性解释，人就会格外注意。启示赋予先知事工与信息一种特别的冲击力。

我们再来看施洗约翰在马可福音第一章的例子：

「约翰穿骆驼毛的衣服，腰束皮带，吃的是蝗虫、野蜜。他传道说：『有一位在我以后来的，能力比我更大，我就是弯腰给祂解鞋带也是不配的。我是用水给你们施洗，祂却要用圣灵给你们施洗。』」（第6～8节）

请注意，约翰不仅是个讲道者。他可以传讲罪与其后果、呼召人悔改，然后给他们施洗。但是他也有一个时间性的特别启示：「在我之后马上会有一位更伟大的，祂要用圣灵施洗。」如果没有个别的特殊启示，约翰不可能知道这件事。这个启示使他从讲道者与教师行列脱颖而出，进入先知的行列。

我们已经读过使徒行传第十一章的亚迦布，他预测不久在革老丢皇帝时期，会发生饥荒。除非从神领受特殊的个人启示，亚迦布不可能知道有饥荒临头。在使徒行传继续读下去，我们又看见这位令人侧目的亚迦布得到超自然启示的另一个例子：

> 「我们在那里多住了几天，有一个先知，名叫亚迦布，从犹太下来，到了我们这里，就拿保罗的腰带捆上自己的手脚，说：『圣灵说：犹太人在耶路撒冷，要如此捆绑这腰带的主人，把他交在外邦人手里。』」（使徒行传二十一章10～11节）

亚迦布又知道一些传道者或是教师不知道的事。他得到一个关于保罗遭遇的特殊启示，而且圣灵特别吩咐，要保罗作什么心理准备。亚迦布以戏剧化的方式传递他的信息：用保罗的腰带把自己的手脚绑起来。神常常要先知不仅是发言而已，而是用各种方式描绘或示范他们的信息。

先知职分与说预言的属灵恩赐

我们需要区别先知职分与说预言的属灵恩赐。容我以新约圣经两段话来作个对比。以弗所书四章11节说：「祂所赐的，有使徒，有先知，有传福音的，有牧师和教师。」我认为从这节经文可以清楚看到，不是所有的人都领受先知的职分。下列经文说明这一点：

「神在教会所设立的：第一是使徒，第二是先知，第三是教师……岂都是使徒吗？岂都是先知吗？岂都是教师吗？」（哥林多前书十二章28～29节）

这个问题的答案很明显是否定的。换句话说，不是每个人都具有使徒或先知的职分。不过，说预言的恩赐开放给所有信徒：

「因为你们都可以一个一个地作先知讲道［译注：字意为说预言］，叫众人学道理，叫众人得劝勉。」（哥林多前书十四章31节）

先知事工不仅是行使属灵恩赐，而是关乎先知的全人，整个生活方式。我在上面说过，预言就是他的信息。属灵恩赐在短暂的片刻中行使，超自然的彰显也会结束。所以在新约，说预言是给所有愿意取得或领受这个恩赐的信徒，但先知职分则不是给所有人的。

预言与先知事工在新约的另一重点就是，它们通常是为信徒而设立的。在旧约，神常常差派先知到非信徒当中。例如，耶利米的很多信息是对着以色列四周的外邦国家发出，但这些国家并不承认以色列的神，或承认耶利米是先知。在新约我们却读到：

「这样看来，说方言不是为信的人作证据，乃是为不信的人；作先知讲道不是为不信的人作证据，乃是为信的人。」（哥林多前书十四章22节）

保罗在这节经文的前半段，没有说方言是为了造就自己，而是要成为对非信徒的超自然证据。这就是五旬节那天发生的事。圣灵降临到人身上，说起自己不懂的语言，但是那些不信的人听得懂这些语言，而这对他们就成了一个神迹！这不是一般说方言的用途，而是为了打动非信徒而有的神迹。当一个信徒在圣灵动工之下，讲出自己不明白的语言，但是在场的非信徒听得懂，会带给非信徒极大的确据。不过，哥林多前书十四章22节的后半段，我们看见说预言是给信徒的，因此与旧盟约之下的预言不太一样。

判断先知

在哥林多前书第十四章继续看下去，有另一个新约中预言与先知职事的重要层面：

「至于作先知讲道的，只好两个人或是三个人，其余的就当慎思明辨。」(第29节)

译为「先知」和「其余的」这两个希腊文都是复数。不是只有一个人站起来说：「我是先知，你们都要听我」，这不是正常的模式。在新约教会，会有先知群。当有人说预言，或是发出启示性话语，其他先知就有责任来判断，或在属灵上分辨。如此，没有一个人，无论是藉由先知的职分，或是预言的恩赐，成为独裁者。今天我们看见有些教会设立了先知——一个人，于是大家都要照他说的去做。他甚至指派使徒，或是决定谁可以跟谁结婚。我个人亲眼看过这些滥用权柄的实例。

在新约教会，没有人一个人是什么都自己做。没有一个人应该被当作是神的惟一传声筒。先知应该团体服事，因为如上所见，圣经通常以复数提到他们。当一个先知在服事，其他先知就要针对这个服事行使判断。身为肢体中的成员，信徒要共同发挥功用，彼此检验。

多年来，我已经知道预言是何等强有力的工具，就像一辆马力强大的车，发动前，最好确定煞车、舵，以及其他安全设备是不是都管用。如果不管用，最好不要开出去兜风！我总是说，你如果鼓励人寻求说预言，就有圣经义务按照圣经的流程去做确认，以判断预言真假。有先知事工却不加以判断，是完全不符合圣经的作法。如果不加判断，我宁可不要预言或先知事工。这太危险，不可容忍。我回想有很多时候，神的子民落在某些情况，觉得若是质疑或不同意某种职事，就是质疑神自己。

多年前在耶路撒冷，有一对非常优秀的灵恩派夫妇，为主做善工。然后有个瑞典女人自称为女先知，对他们两人发预言，说他们以后不可以夫妻之名生活在一起。两人完全不知所措，最后竟然住进精神医院。这是被那个女人的灵捆绑的结果。他们觉得，如果抗拒她所宣布的神旨意，就是在抗拒全能神。

所以当你看见有先知职分或预言恩赐的人，要在心底记住，他们的事工与预言理当要经过别人判断。我们的责任之一就是学习如何判断。保罗说：

> 「不要销灭圣灵的感动；不要藐视先知的讲论。但要凡事察验，善美的要持守。」（帖撒罗尼迦前书五章19～21节）

在这里看到两个危险的选择。一是销灭圣灵的感动，说：「我们不要任何预言。我们不要任何恩赐。我们不要任何彰显。」另一个则是照单全收，毫不检验。当我们在非洲，我常常告诉人：「宣教士带给你们的不一定都好。有些好，有些不好。你们原本拥有的一些东西，比宣教士带来的更好。」他们会吃惊地看着我，因为我是宣教士。然后我会说：「你吃鱼的时候，知道该怎么做：吃鱼肉、吐鱼刺。对宣教士带来的东西也要这样做。吃肉，但是要把骨头吐出来。不要只因为是宣教士给你的，就要吃下去，结果被骨头噎住了。」

今天在教会也是如此。当我听到预言或启示，我会决定这是肉还是骨头。如果是肉，就吃下去，并且因此得力。如果是骨头，我不要因为吃下去而被噎住。我要吐出来。神的话指示我这么做。

先知事工与整体教会的关系

在结束本章之际，我们来塑造先知事工与整体教会的关系。身为整体的一员，先知与其他成员一起发挥功用，并且也受制于整个身体的管理与纪律。他不是自治者或霸主，也不在地方教会的架构之外。让我们看看真正的先知事工美丽的写照。先知撒迦利亚说：

> 「那与我说话的天使又来叫醒我，好像人睡觉被唤醒一样。他问我说：『你看见了什么？』我说：『我看见了一个纯金的灯台，顶上有盏灯，灯台上有七盏灯，每盏有七个管子。旁边有两棵橄榄树，一棵在灯盏的右边，一棵在灯盏的左边。』我问与我说话的天使说：『主啊，这是什么意思？』」（撒迦利亚书四章1～4节）

请注意，撒迦利亚对橄榄树的意义格外感兴趣，但是他的问题没有马上得到答案。天使首先继续颁布指示，我认为第6节是结论：「不是倚靠势力，不是倚靠才能，乃是倚靠我的灵方能成事。」这是一节大家都很熟悉的经文，但也确实是撒迦利亚书第四章的基本启示——神要在这个世界成就祂的目的，不是靠着势力，而是靠着圣灵的大能。

撒迦利亚接着看见美丽的烛台有七个分枝，顶端有个油碗。我认为，烛台在整本圣经预表教会，流入烛台的油总是预表圣灵。在这个异象，撒迦利亚看见烛台两侧各有一棵橄榄树，橄榄油从一个油管流入烛台，所以油可以保持其纯净、新鲜，因此燃放的烛光是纯洁、干净、明亮的光芒。撒迦利亚又提到橄榄树：

「我又问天使说：『这灯台左右的两棵橄榄树是什么意思？』我二次问他说：『这两根橄榄枝在两个流出金色油的金嘴旁边是什么意思？』他对我说：『你不知道这是什么意思吗？』我说：『主啊，我不知道。』」（第11～13节）

我认为天使的回答有着些许反诘的意味，因为撒迦利亚自己就是橄榄树！我们可以说，天使在开他玩笑，说：「难道你不知道那是什么？」

「他 [天使] 说：『这是两个受膏者站在普天下主的旁边。』」（第14节）

这两棵橄榄树代表两个人，为着一个明显的目的站在神面前：领受油并且注入烛台。这是先知事工的画像。

启示录又再次提到这两棵橄榄树：

「我要使我那两个见证人，穿着毛衣，传道

一千二百六十天。他们就是那两棵橄榄树，两个灯台，立在世界之主面前的。」(启示录十一章3~4节)

然后在第10节读到：「这两位先知曾叫住在地上的人受痛苦。」所以橄榄树是说预言的先知。当然，启示录第十一章提到的是将来出现的两个特别的人。但目前我们已经看见，先知事工与教会的关系是什么面貌。先知就像橄榄树，站在烛台，也就是教会的两旁，然后从橄榄树流出纯净、清洁、新鲜的油，注入烛台。所以，烛台是借着油发挥自己的功能，照出清晰明亮的光芒。当然，如果油的来源切断，烛光也就会熄灭。

耶稣基督的教会若要成为世界的光，就必须要持续保有新鲜的油供应。油的供应来自橄榄树，是预表先知的职事。这里清楚描绘了教会与先知事工的关系。教会一直需要先知事工的供应，而不只是在极度紧急时刻而已。没有新鲜的油——从先知职事而来纯正、清洁的圣灵启示与感动——基督的身体便不能发挥作用。

这个真理正符合我很喜欢的箴言二十九章18节：「没有异象〔或译：默示〕，民就放肆。」有译本把「放肆」译作「赤身露体」。有件事很清楚：没有异象，神子民的状况就很糟糕。没有异象，他们无法按照神的心意生活，发挥作用。

异象的意思是「直接、新的启示」。异象不是圣经的文字与教导，而是直接从神来的崭新话语。当以利作大祭司时，撒母耳进入先知职事，圣经说：「当那些日子，耶和华的言语稀少，不常有默示」(撒母耳记上三章1节)。以色列有手抄的圣经，但是缺少他们所需要从先知来的新鲜启示与异象。该有的宗教工具他们都有了：会幕、约柜、祭司、祭物，以及摩西律法。然而他们是冷冰冰、没有生命、倒退的一群子民，因为宗教不能维持他们的属灵生命。只有新鲜的油才能使教会常常燃烧出光亮的火焰。新鲜的油源自于合乎特定情况与时代的先知性启示。我们不能靠过去的启示而活。路德说的与路德的时代相关，卫斯理说的与卫斯理的时代相关，但是我们不能靠着路德、卫斯理，或是其他过去的人而活。我们必须有属于自己的，最新的油，不断加给教会。

单单有正确的教义，无从取代从神来的第一手启示。神不仅给我们可以从圣经取得的一般性教导，同时也希望我们在特殊时刻知道特别的事。如前所见，尼尼微人必须知道，他们离审判只有四十天。以色列人必须知道，弥赛亚即将来临。保罗必须知道，在耶路撒冷有什么结果等着他。这些话语不能以圣经的一般性启示说出来，而是需要先知职事在某一时刻领受特殊启示。

我们活在纷乱、危险、多舛的时代，所有的事物都以不可思议的速度变动。五年后的社会、经济、财务、军事会有何发展，我们的平凡思维无法说出精确的看法。如果神的百姓有什么时候特别需要直接、新鲜的启示之油，那就是现在了！我们不能忽视先知事工，说：「那是过去的玩意儿，在旧约与使徒时代需要，今天并不需要。」其实刚好相反，今天比起教会历史上任何一个时代更加需要！我们需要知道信仰内容不仅出自教义的教导，或是自然的信息来源，神也非常乐意向我们发出启示。

耶稣论及末世说道：「挪亚的日子怎样，人子的日子也要怎样。」（路加福音十七章26节）想想挪亚时代充斥的罪恶。地上充满暴虐，人心的思绪念头想的都是罪恶。每个人都败坏了。我们在现代社会也看到这一切景象。但是挪亚的日子也有另一面：

> 「挪亚因着信，既蒙神指示他未见的事，动了敬畏的心，预备了一只方舟，使他全家得救。」（希伯来书十一章7节）

挪亚需要属天的启示与明确的指引，向他发出临到世界的警讯，并且知道要采取什么步骤，保全自己与家人。在这末后的日子，我们也可以借着先知的职事，从神领受特殊的指示与保护。这个时代终结，黑暗笼罩大地，人也蒙在深沉的暗昧之际（参考以赛亚书六十章2节），教会要发出光芒。神对教会的信息是：「兴起，发光！因为你的光已经来到！」（第1节）我相信这个信息的基本要素就是完全恢复先知的职事，如同橄榄树将油灌入烛台。我个人祈求并期盼全面恢复的那一天！

第 19 章

机动性事工：传福音的

布道者在现今基督教界是个很熟悉的字眼，然而新约却很少出现。基本上，这个称呼源自一个意味「好消息」的字，所以我们可以将布道者定义为「宣告好消息的人」。

把福音视为好消息，总让我想到有个朋友的丈夫，是他们芝加哥教会的执事。这位女士罹患了不治的肝病，所以去教会书店找一本讲医治的书。她找了半天，结果找到十四本如何受苦的书，却没有一本讲医治！我可不要称此为福音，因为福音是好消息。后来她去找一位受过圣灵洗礼的圣公会牧师，于是也受了圣灵的洗，并且被油膏抹，神奇地得到医治。她的医生是个无神论的犹太人，但是也不得不承认有神迹发生。这是好消息；这是福音！

布道者就是传好消息的人。如果有人不传讲好消息，不要上当，以为他是对你讲福音。福音是好消息：神爱你、愿意赦免你、祝福你、医治你、使你昌盛，能够以得胜、喜乐、内心的平安活出你的生命。如果这不是好消息，我不知道还有什么是好消息！今天在教会中当作福音宣讲的内容，有很多与新约圣经所说的福音没什么关系。

名词：传福音的

新约圣经第一次用布道者这个名词是在以弗所书四章11节，在我们所讨论的职分清单里面（中文圣经通常译作「传福音的」）：

「祂所赐的，有使徒，有先知，有传福音的，有牧师和教师。」

第二处是讲到腓利的经文：

「第二天，我们离开那里，来到西泽利亚，就进了传福音的腓利家里，和他同住。他是那七个执事里的一个。」（使徒行传二十一章8节）

这里的「传福音的」在原文有个定冠词，所以腓利是惟一具名有此职分的人。经文说他是七个执事之一，记载于使徒行传第六章。所以腓利有个两头衔：执事与布道者。我们将在下一章讨论执事与布道者的关系。

现在先来看「传福音的」这个名称原文第三次出现于提摩太后书第四章。保罗写信给在他处经文被称为使徒的提摩太。有些人以为提摩太的职分是牧师，其实他不是牧师，显然也不是布道者。如前所说，使徒的事工也涵盖了其他职分的事工。

从这个角度，我们读下列经节：

「你却要凡事谨慎，忍受磨难、作传福音者的工作，完成你的职务。」(提摩太后书四章5节，新译本)

提摩太不是专职布道者，但保罗告诉他，在他目前的任务中如果没有传福音、作个宣告好消息的人，他就没有完全履行使徒的职分。

动词：传福音的

我们看了名词「传福音的」在新约圣经的三次出处。不过，在希腊文有个动词与此直接相关，可以译作「传福音」，或译作「宣告好消息」。当然这个字蕴含了布道者的职分以及伴随而来的行动。这个动词在新约出现五十次，所以一定是早期教会非常重要的事工。

思考成为布道者的意涵之前，先来看看耶稣的事工，因为祂是所有事工的完美典范。耶稣在事工开始，去了拿撒勒的会堂，也是祂在那里成长的家乡会堂。祂站起来，读了以赛亚书第六十一章的预言，应用在自己身上：

「主的灵在我身上，因为祂用膏膏我，叫我传福音给贫穷的人；差遣我报告：被掳的得释放，瞎眼的得看见，叫那受压制的得自由。」(路加福音四章18节)

此处的「传福音」希腊文euaggelizo，所以「主的灵……

用膏膏我，叫我传福音给贫穷的人」也可作「主的灵……用膏膏我，叫我把好消息带给贫穷的人」。另外，第18节还有好消息带来的结果：医治心灵破碎的、对受奴役的宣告自由、使瞎眼的看见、使受压迫的得自由。好消息在那些接受的人生命中带来这些美妙的结果。

「但耶稣对他们说：『我也必须在别城传神国的福音，因我奉差原是为此。』」（第43节）

「传神国的福音」就是「带来神国的好消息」。

圣经也如此提及首批被差派为使徒的十二门徒：

「门徒就出去，走遍各乡宣传福音，到处治病。」（路加福音九章6节）

请注意，医治随着福音的传讲而来，由此证明这的确是好消息！继续看下去，在路加福音发现另一个使用该动词的例子：

「有一天，耶稣在殿里教训百姓，讲福音的时候，祭司长和文士并长老上前来。」（路加福音二十章1节）

翻到使徒行传，我们看看该字出现三次。首先是讲到彼得与约翰，来到撒玛利亚帮忙保存腓利福音事工的果子。

「使徒既证明主道，而且传讲，就回耶路撒冷去，一路在撒玛利亚好些村庄传扬福音。」（使徒行传八章25

节）

第一个「传讲」在希腊文只是一般的「讲」，第二个「传扬福音」的希腊文才是传好消息。他们从撒玛利亚回耶路撒冷的路上，把好消息带给那些村庄。

这个字第二次出现于保罗与巴拿巴的首度宣教旅程：「在那里传福音」（使徒行传十四章7节）。请注意，接着记载的就是生来瘸腿的人得医治（参考第8～10节）。我认为，几乎每次有「传福音」这个字出现，可能就有医治与释放。它们是好消息的证据。

第三次在保罗与同伴受召去马其顿：

> 「保罗既看见这异象，我们随即想要往马其顿去，以为神召我们传福音给那里的人听。」（使徒行传十六章10节）

他们受召将好消息带给从没听过福音，并且引颈期盼的马其顿人。

这个字也常常用于罗马书。我们看看三个出处，首先是下面两处：

> 「所以情愿尽我的力量，将福音也传给你们在罗马的人。」（罗马书一章15节）

> 「若没有奉差遣，怎能传道呢？如经上所记：『报福

音、传喜信的人，他们的脚踪何等佳美。』」（罗马书十章15节）

新约有几处讲到传福音，是引自旧约先知以赛亚。如果有哪位先知格外具有福音气息，就是以赛亚了。在旧约，他的话语中提到的好消息胜过任何一位先知。

保罗在罗马书又讲到自己的事工，以及自己总是想要寻找未得之民的渴望：

「我立了志向，不在基督的名被称过的地方传福音，免得建造在别人的根基上。」（罗马书十五章20节）

有传福音职分的人总是想要寻找未得之民，将信息带给从未听闻的人，这是很正常的表现。布道者浇之不熄的热忱就是把好消息带给每个人。他是个一直在动的人，每个人都听到福音之前，总不能停息。

然后，保罗在哥林多前书第一章讲到受水礼的人，说他没有给很多人施洗，因为那不是他的工作。

「基督差遣我，原不是为施洗，乃是为传福音。」（第17节）

保罗将实际为人施洗这件工作交给别人，即便他可能在场观礼。他的主要工作是传福音，将好消息带给人。

在给哥林多的第二封信，保罗讲到他在哥林多所在的亚该亚完成神交给他的工作以后，打算做什么。他的目标是「将福音传到你们以外的地方」（哥林多后书十章16节）。由此再次看到，布道者的重点是再往前拓展，到人还没有听闻福音的地方。当然了，如我先前所说，保罗是在使徒的范畴内做传福音的事工，因为使徒事工包括了福音事工。

布道者的三元目标

布道者的最高目标是将救主介绍给罪人。介绍以后，他不继续深耕人与基督的关系，而是继续往前，到从没有介绍救主的地方。所以说，他的事工基本上是介绍性的。

然而，根据新约圣经的清楚模式，布道者不仅把人介绍给救主，也带他们接受救恩、接受洗礼。所以我们可以如此归纳布道者的三元目标：向罪人介绍主、带领他们接受救恩、用水给他们施洗。我的个人信念是，当教会愈接近新约标准，就会看到那些真正受呼召、被差派去传福音的人，使他们带领信主的人接受洗礼。

我先前说过，今天很多基督徒完全偏离了新约圣经信主后立刻受洗的作法。他们习惯一个月有一次或两次洗礼：「你如果想要受洗，请于一月二十五号的周日晚上来教会，我们将为你施洗。」但是一如在使徒行传所见，每个得救的人通常几小时内就接受浸礼，很难找到有谁等到明天。

新约圣经有关施洗的信息，语气都很迫切。其实圣经中没有任何权柄将救恩与洗礼分开。耶稣说：「信而受洗的，必然得救。」（马可福音十六章16节）祂并没有提到过信了却没有受洗的人。在马太福音二十八章19节，耶稣差遣门徒，说：「所以，你们要去，使万民作我的门徒，奉父、子、圣灵的名给他们施洗。」彼得在五旬节那天讲道，大家不禁说：「我们当怎样行？」(使徒行传二章37节)，彼得回答说：「你们各人要悔改……受洗」(第38节)。当有人成为门徒，第一件要做的事就是受洗。无论以什么方法将得救与受洗拆开，都不符合圣经。我们的布道者典范腓利的事工也强调同样的重点。

福音事工的性质

使徒行传第八章主要是在描述新约的福音事工，也是圣经中仅有的指南。这时的早期教会因为大数人保罗的奔走而饱受逼迫。除了使徒以外，信徒分散到外地保命：「那些分散的人往各处去传道」(第4节)。「传道」的希腊文正是「传福音」这个字——传讲神的话语，把话语中的好消息带给人。在逼迫与传福音当中，记载了腓利的福音事工。我们来仔细看看本章描绘的布道者腓利有什么主要特色。

他的信息

首先，请注意腓利的信息极为简明，在下列每一节，以一个字词来归纳。

「腓利下撒玛利亚城去，宣讲基督。」(使徒行传八章5节)

「腓利就开口从这经上起，对他传讲耶稣。」（使徒行传八章35节）

所以他的信息相当简单，就是耶稣基督。他没有呈现一套繁复的教义，而是呈现一个「人」——耶稣。他把基督介绍给还不认识祂的人。

一位神所膏立的真正布道者，令人赞赏的一点就是你能听他传讲同样的讲章二十次，还是听不厌，因为圣灵的膏抹在他身上。然而，如果教师有样东西教二十次，你大概早就失去兴趣了。例如，我听过葛理翰讲道，而我也可以替他讲出几乎同样的讲章，但我绝对不会得到同样的结果，因为这不是我的恩赐。而且我还是喜欢听他讲道，因为圣灵希望他继续讲下去。他宣讲耶稣基督，这是福音事工的基本要素。葛理翰的事工不止于传福音，但他的事工基本上是布道的事工。因此他有个目标，就是把耶稣基督呈现给从没有听过祂的人。

他的证明

我们再来看腓利的证明，也很简单。今天的教会在这方面，也离新约模式甚远矣。腓利显然是只身下到撒玛利亚城。使徒两人成行，先知群组成行，腓利却是一个人——犹太人——单枪匹马进到敌人境内，「原来犹太人和撒玛利亚人没有来往」（约翰福音四章9节）。但是腓利却到了相当大的撒玛利亚城传讲基督。人们为什么会听他传讲？因为神以超自然作为见证他的信息是真的。他们知道腓利言之有物，但是他们怎么知道的?

> 「众人听见了，又看见腓利所行的神迹，就同心合意地听从他的话。因为有许多人被污鬼附着，那些鬼大声呼叫，从他们身上出来；还有许多瘫痪的、瘸腿的，都得了医治。」（使徒行传八章6～7节）

是什么吸引人的注意力? 医治的神迹与赶鬼的奇事。当撒玛利亚人目睹腓利的信息带着有力的证据，他们就留心听他说些什么。不是因为事先通知广播电台或报社，宣布大讲员腓利要莅临本城。不，腓力不知道自己要去，他们也不知道腓利要来。但是当他来了，每个人都因为属天的明证而留心聆听。新约布道者的证据用一个词来说，就是神迹。神迹是神所赐惟一的权柄与明证，而且非常管用!

不过，神迹不能使人悔改归正，也不能产生信心。神迹能抓住人的注意力，使他们聆听神的话，而信心则来自于聆听话语。人如果不肯听，对他们传讲就没什么用。你要做的第一件事是抓住他们的注意力，而这需要靠神迹来达成。

我有次与一位好朋友一起主领赶鬼聚会，发生的事情与使徒行传完全一样：「污鬼、大声呼叫、有许多污鬼从人身上出来」。当时有第三位牧师在场，他是我的好朋友。他非常愤怒，事后对我说：「你看新约圣经，哪里有这种聚会? 」我跟另一个朋友面面相觑，他说：「你可以在使徒行传八章7节找得到。」我们后来澄清误会，皆大欢喜，到今天还是好朋友。

很多按照新约标准是正常的作法，在今天的标准下成了不正常，而今天很多基督徒认为不正常的作法，在新约圣经视为正常。福音、好消息的明证是超自然的。这是有好消息存在的证据。被鬼附的得释放，患病的得医治。当人看见有这些事情发生，就知道这是好消息。他们对神学没什么兴趣；他们要成果。这是耶稣所定的方法：

> 「祂又对他们说：『你们往普天下去，传福音给万民〔万民：原文是凡受造的〕听。信而受洗的，必然得救；不信的，必被定罪。信的人必有神迹随着他们，就是奉我的名赶鬼；说新方言；手能拿蛇；若喝了什么毒物，也必不受害；手按病人，病人就必好了。』」（马可福音十六章15～18节）

这里有五个超自然的奇事：赶鬼的证据、受灵洗的证据、拿蛇喝毒药不受伤的证据，以及按手使病人痊愈的证据。第一批使徒的事工归纳于下面这段话：

> 「主耶稣和他们说完了话，后来被接到天上，坐在神的右边。门徒出去，到处宣传福音。主和他们同工，用神迹随着，证实所传的道。」（第19～20节）

这是新约圣经的模式。神以神迹奇事证明祂的话语。如果神对我发出挑战，要我去作宣教士，我却没有以神超自然的作为证实祂的信息，我绝不会想要离开自己的国家，在其他地方传道。我情愿留在国内奉献金钱，反而更有益处。但我的确相信，也亲身经历过，当我们去传讲好消息，并且信靠圣灵，神就会证实祂的话语。本来就应当如此。如希伯来书二章3~4节所说，当早期的传道人出去，神便以神迹、奇事、异能，与圣灵的恩赐同他们作见证。

还记得那位没受过什么教育的非洲人，来我工作的学校讲道吗？他是在欧斯本（T. L. Osborn）弟兄主持的布道会上得救。他看见神在那里施行的神迹，就相信如果神为欧斯本弟兄这么做，也会为他这么做。他就是以这个原则开始，结果非常奇妙。这也是他在我们学生中引起极大回响的原因。

有一天，这位年轻人对我说：「叶弟兄，在非洲传福音没什么困难。我进到一个村子，只要问有没有人生病。在非洲村庄总是有人生病。我就为他祷告，他得医治，我就有会友了！」这就是新约的模式。你不需要委员会、乐队、诗班，或类似这些东西。如果有这些东西，神也会祝福，但是没有或许会更理想，因为有了我们就会倚靠这些东西。但是，最重要的是圣灵超自然的见证。

他的方向

继续看使徒行传第八章，腓利的行动方向也是超自然的！因着超自然的引导，他知道什么时候到什么地方：

> 「有主的一个使者对腓利说：『起来！向南走，往那从耶路撒冷下迦萨的路上去。』……圣灵对腓利说：『你

去！贴近那车走。』」（使徒行传八章26、29节）

请注意有圣灵的声音来带领，而更美妙的是，太监受洗之后，圣灵就把腓利提走了！（参考第39～40节）工作一旦完成，腓利甚至不必决定去哪里，而由圣灵带他走。他不用走路或是坐马车，因为他有属天的交通工具。

我称布道者是「神的伞兵」，因为他突然来到人中间、服事，然后又离开。最近虽然也有类似的作法，但已不常见。无论如何，布道者一直在移动，无从预测，甚至魔鬼也不知道布道者下一次会在哪里。如此，他不断迫使魔鬼采取守势。今天大部分的教会处于守势，而魔鬼则处于攻势。真正的布道者，就像腓利一样，是处于攻势。

我曾经听查尔斯．辛普森（Charles Simpson）说，一般教会里的魔鬼都知道礼拜天早上十一点要待命，因为牧师在那个时候讲道。魔鬼群聚对付每个去教会的人。牠们已经事先准备好，所以不会有什么意外。但是，当腓利移动的时候，魔鬼可真是不知道他下一站要去哪里，或什么时候会动身。我渴望看到教会重新恢复攻势。

他的传讲对象不在地方教会

在神所列的教会中的恩赐，我们可以归纳出布道者的最后一个特点。这段经文先前提过：

「神在教会所设立的：第一是使徒，第二是先知，第三是教师，其次是行异能的，再次是得恩赐医病的，帮

助人的，治理事的，说方言的。」（哥林多前书十二章28节）

布道者没有列在这里，因为保罗在讨论地方教会，以及其中发挥功能的职分。布道者则是针对尚未归主的人。不过，如果布道者能够行神迹，有医病的恩赐，他也可以在地方教会服事。在这方面，他可以训练地方教会的人成为传福音的人。否则，布道者基本上在地方教会没什么要做的事，因为那些会众已经认识救主耶稣基督，而这是福音事工的根本触角。

第 20 章

机动性事工：教师

教师基本上是解释圣经的人。照我来看，有两个层次的教导。第一是对普世教会的教导事工，也就是以弗所书四章 11 说的：

「祂所赐的，有使徒，有先知，有传福音的，有牧师和教师。」

这一节提到教师职分，是对广泛的主内肢体解释圣经、建立教义。另一方面，特别针对地方会众的教导，则由地方教会的长老负责。在主要讨论长老的篇章，我们会详尽讨论。不过在提摩太前书第五章，保罗讲到地方教会的次序，看到这个层面的教导。保罗说：

「那善于管理教会的长老，当以为配受加倍的敬奉；那劳苦传道教导人的，更当如此。」（第 17 节）

该项服事不是对普世教会，而是针对地方会众，愿意受长老照管的小群信徒。所以，有服事整体教会的公开事工，像使徒或先知一样；然后也有在普世肢体中没有公开的事工，负责教导个人与小组的教师。在本章，我们将集中探讨牧养普世教会的教师。

亚波罗的教导事工

从新约的教师典范来看，亚波罗似乎是作纯粹的教导事工。有很多人教导，但同时也有其他服事。亚波罗显然完全投身于话语的教导工作。在使徒行传，首次记载亚波罗的教导事工，是在以弗所（今天的土耳其）：

「有一个犹太人，名叫亚波罗，来到以弗所。他生在亚历山大，是有学问〔或译：口才〕的，最能讲解圣经。这人已经在主的道上受了教训，心里火热，将耶稣的事详细讲论教训人；只是他单晓得约翰的洗礼。他在会堂里放胆讲道；百基拉，亚居拉听见，就接他来，将神的道给他讲解更加详细。他想要往亚该亚去，弟兄们就勉励他，并写信请门徒接待他〔或译：弟兄们就写信劝门徒接待他〕。他到了那里，多帮助那蒙恩信主的人，在众人面前极有能力驳倒犹太人，引圣经证明耶稣是基督。」（使徒行传十八章24～28节）

我们来比较上述经文与哥林多前书三章4～6节。亚波罗离开以弗所，过了爱琴海到亚该亚（今天的希腊）。在亚该亚，他来到哥林多城，服事那里因保罗的事工而归主的一群人。在哥林多，我们看见如同今天一样的竞争心态：信徒分成好几群，各自推崇他们喜欢的传道人。保罗因此责备他们，说这么做无非暴露他们是属肉体的。

> 「有说：『我是属保罗的』；有说：『我是属亚波罗的』。这岂不是你们和世人一样吗？」（哥林多前书三章4节）

有些神学家与圣经注释学者令我百思不解。他们紧抓着哥林多教会属肉体这句话不放，想要主张这些人因为说方言所以属肉体。他们属肉体不是因为说方言，而是因为跟随凡人领袖！

我们在今天的教会正是看到这倾向。有些人说：「我属于路德」，另有人说：「我属于加尔文」，还有人说：「我属于卫斯理」。神的话语说：「你们讲这种话，只显出你们不成熟。」属灵上不成熟的表现就是依附神所祝福使用的凡人领袖或牧者，正如祂祝福使用了保罗、亚波罗、彼得。当人以某个他们追随的传道人来认定自己在基督身体内的身分，保罗会说：「拜托！这种事已经够多了，别再像小孩子一样，赶快长大吧！」

> 「亚波罗算什么？保罗算什么？无非是执事，照主所赐给他们各人的，引导你们相信。我栽种了，亚波罗浇灌了，惟有神叫他生长。」（哥林多前书三章5～6节）

神给保罗一种事工，给亚波罗另一种事工。保罗种植的事工是传福音，神的话语或福音播种的初期工作。但是如果没有浇灌，种子永远不会生长，所以下一步的事工就是教师亚波罗的浇灌事工。这是教导事工多么精彩的写照！

我们再回到使徒行传十八章24节，说到亚波罗「生在亚历山大」。亚历山大是古代学习重镇，有最出名的图书馆。我们估计亚波罗受过良好教育。他也是「有口才的」，意味他是个大有能力的讲员，而「最能讲解圣经」意味他对神的话语有透彻的认识。亚波罗去了以弗所，第28节说：「在众人面前极有能力驳倒犹太人，引圣经证明耶稣是基督。」

这里清楚描绘了亚波罗的公开教导事工。他的圣经知识渊博、口才无碍，而且有「讲台性格」。他的表达铿锵有力，可以公开驳斥对手的福音有误，所以亚波罗具有强力的公开事工。以此对照那些在小群体或教会教导的牧师或长老的事工。他们固然没有讲台性格，也没有众多人追随，但是以他们的层次来说，工作却极其有价值。

有人想当然认为，地方教会的长老或牧师既然可以教导，就一定能在讲台上讲出精彩的信息。但是对一个在地方上分享神话语的人，不一定拥有这种教导的能力。如果指望你的长老或牧师，要像你最喜欢的电视台上牧师或特会讲员一样，这既不公平，也不符合圣经。其实，你在教会中所受的教导，比机动性的教师对你更切实，更能改变生命。因为他活在你的世界，能针对你的个人景况或家人的心境发言！

请注意使徒行传十八章27节引人注目的话：「他[亚波

罗] 想要往亚该亚去，弟兄们就写信劝门徒接待他。」早期教会不接待没有被前一个服事地点推荐的讲员。这是攸关重要的一点。如果好好持守这个作法，会立刻除去那些没有教会在背后却周游全国与世界，不结果子，只是把神的子民当成商品的那些传道人。这个原则贯穿整本新约。任何人从亚细亚到亚该亚，必须受到亚细亚的弟兄推荐，不然亚该亚的人不会接待他。所以亚波罗从亚细亚到亚该亚的时候，拿着推荐信，亚该亚的弟兄就为他开教会的大门。

> 「他到了那里，多帮助那蒙恩信主的人，在众人面前极有能力驳倒犹太人，引圣经证明耶稣是基督。」（使徒行传十八章27～28节）

「那蒙恩信主的人」是个引人注目的用词，指的是有奇妙、超自然得救经历的人。他们可能目不识丁或没有旧约圣经知识背景。我们要知道，哥林多教会大多数是外邦人。哥林多是海港，因此三教九流的人都汇聚于此。然后保罗来了，经过十八个月的时间，留下一个信徒兴旺的教会。

这不是借着几个人单调沉闷的系统性教导造成的，而是借着圣灵大能的手，以超自然的见证来证实耶稣基督是世人的救主。这些新信徒有不少人一定是因着这种超自然的作为，而进入神的国。今天在世界很多角落，人们有急迫需要的地方，我们也看见同样的情况发生。他们没有圣经背景，没有受教育，没有读写能力，但是神以超自然作为介入，拯救了他们。

我在非洲看过这种例子。有位老人生平没去过教会，对福音完全没有概念。有天晚上，他做梦看到茅草屋顶、泥土墙的教会，并且得救了。当他醒来，就决定去教会。但是他觉得自己没有适合的衣服穿去教会，所以只好跟别人借了一件长袍，然后去了那里，就得救了。这的确是神的超自然恩典！在世界有些角落，很多人真真确确是「蒙恩而相信」。

有位南美宣教士告诉我，有个挂名的天主教妇女，从来没有翻过圣经，但是却做了一个栩栩如生的梦。她看见自己进入某间教会，发现教会里面的墙是绿色的。下个礼拜天，她自忖道：「我必须要去教会。」她出门叫了出租车，对司机描述她所梦见的建筑物模样，然后说：「带我去那里。」很不幸（似乎如此），出租车抛锚，她没办法去。

下个礼拜天，她又同样照做，这次出租车司机抵达目的地。她走到教会里，基督以超自然方式向她显现。之后，她告诉牧师她的梦，说：「您知道吗？我看到了这栋建筑物，上个礼拜我想要来，但是来不成。这次，出租车带我来了。我来到里面，看见墙是绿色。」牧师看着她说：「你确定你在梦里看到绿色？」她说：「是啊。」牧师回答说：「难怪你上个礼拜来不成。我们这个礼拜重新油漆，上个礼拜不是绿色的！」这是圣灵对一名不知道福音为何物的妇女，赐下的超自然启示。

二次世界大战期间，我在一所军医院养病。隔壁床的是一名法国水手。我是医院里惟一会讲法文的人，而他不会讲英文，所以他只跟我一个人说话！过了一阵子，他问我：「你每天读的是什么书？」我说：「是圣经。」他不太感兴趣，不过还是愿意跟我讨论圣经。有天，我对他说：「要不要我帮你找一本法文新约圣经？」他说他从没听过新约圣经！虽然他是个好天主教徒，但是根本不知道什么是新约圣经。我在开罗的「英国外语圣经公会」帮他找到一本送给他，结果发常惊人，是我前所未见的。两个星期内，除了启示录以外，他把整本新约读完，而且归信基督。他问说：「他们为什么没有告诉我这本书？」最后一次看见他，是几年后。他买了在法国所能找到最大本的圣经，带着周游各方，对每个人述说主。

有些人必须要有神超自然地介入他们的生命，不然就不会找到主。对于不能以系统性的解释改变的那些人，神就会动用超自然启示！这些人的生命是「蒙恩而相信」的范例，一如使徒行传第十八章的哥林多信徒。

哥林多信徒认识耶稣，知道祂拯救了他们，并且以圣灵为他们施洗。但是，说到认识圣经、认识恩典、认识福音的基要真理，他们可说是什么也不知道！所以神差遣亚波罗这位教师到他们那里，对他们帮助极大。亚波罗对他们解释发生在他们身上的经历，填补他们的知识空缺。或许，他也为他们的生活立好基本的教义根基。他们需要有人系统性地解释圣经，否则不会持守信心。神今天做同样的工作：差遣「使徒」向大家公开解释圣经，好让他们知道自己信什么、为何要信，并且如何以属灵真理彼此相待。

教师的机动性事工也是神呼召我投入的服事。我依然清楚记得在六〇年代末、七〇年代初，教导美国年轻人基要信仰真理。他们从悖逆、药物、混乱中被神的全能拯救出来，亟需真理的教导！他们一坐就是好几个小时，恳请我再多讲神的话语。在非洲也是一样，我看见众多人在大白天的热气中站着，我讲完道也不肯离开。他们徒步多日，为了来听更多神的话语。我也记得在莫斯科有一位弟兄，搭了七天七夜的火车，参加年轻人的训练特会。你能想象他的属灵饥渴是何等强烈吗？因着神的恩典，我看过、也经历过教导事工的能力。

在宣教工场上，我们常发现有人信主之后，很快就展开传福音的事工。其实，有人信主一个星期，就能像个布道者一样。但是教导的职分通常需要更长的时间发展。我们口中很多的落后国家，最大的欠缺就是教导事工。找出传福音的人不难，但教师却少得可怜。今天格外需要教导事工。

教导与其他机动性事工

现在我们要看，教导常常与其他机动性事工连在一起。在下列经文，保罗将使徒与教师连在一起：

> 「为这福音，我被派作传道的、使徒和教师。」（提摩太后书一章11节，新译本）

作为话语的职事，使徒与教师关系非常紧密。先知与教师可能也有关连：

> 「在安提阿的教会中，有几位先知和教师。」（使徒行传十三章1节）

在使徒行传继续看下去，有犹大与西拉从耶路撒冷下到安提阿：

「犹大和西拉也是先知，就用许多话劝勉弟兄，坚固他们。」（使徒行传十五章32节）

伴随着他们的先知事工，还有劝勉与教导的信息。

我们在路加福音看到教导事工与传福音连在一起：

「有一天，耶稣在殿里教训百姓，讲福音…… 。」（路加福音二十章1节）

耶稣教导同时也传福音。所以教导事工常常与其他事工合作。这个事实再次加强团队事工的观念，也是今天教会要好好把握的。使徒、先知、劝勉人的以及在其他服事上专心又活跃的人，如果能彼此合作，相辅相成，会更理想。教师可以与使徒在非洲同工，共同开垦新疆土；或是劝勉人的可以填补美国工场，以均衡的态度解释、应用圣经信息，满足听众需要，因为他们的领袖往往没有教导这些信息。教师可以保存这类事工的果效！

完全奉献与成长的需要

如先前所见，亚波罗完全投入教导事工。这指出一个重点，就是教师的职分要求完全奉献。我讲下面这段话，常常令人大吃一惊。我说：「我交的朋友，我读的书，我吃的东西，都要让我成为最好的圣经教师。不是比别人好，而是要尽我所能成为最好的圣经教师。」不要认为没有操练生命，你也可以合宜地教导圣经。你终究需要付出代价，但是竭力寻求神创造你所要成就的事工，是何等大的祝福！这可以应用在任何神呼召我们做的事。对我而言，我是教师。即使你要我在墙角倒栽葱，我也要教导！这就是我，也是神创造我的初衷。但是我必须要完全潜心于教导恩赐的发展，因为教导关乎你整个的人：灵、魂（意志、情感、头脑）、体。教导发诸于整个人，整个生命。

请回想我对教师的定义：解释圣经的人。教师的恩赐是为别人解释、应用圣经。他把圣经讲得简明、真切、实用。由繁化简的确是个恩赐。我专攻哲学，学会把事情弄得复杂，但神却给了我化繁为简的恩赐。对我而言，我如果不能把某件事说得简明，我就是还没有弄明白。哦，我们何等需要信徒能够确实掌握，并且应用圣经的基要真理！我献身于研读解释神的话语已经六十多年，热忱依然不减！

如前所述，神在一九四一年借着方言与翻方言，呼召我投入教导事工：「我呼召你在基督里以真理、以信心、以爱心，成为多人的圣经教师。」多年来，我常常思索神对我的托付，并且注意到神所讲的进程也在我的教导中展开：先是真理，再是信心，最后是爱心。

刚开始，我全神贯注于真理，为让教会追求整全的真理。然后我发现自己容或拥有真理，但是生命中有些方面，像是健康或经济，并没有得胜。我借着话语握住信心，以及神借着祂的话语所赐的无上祝福。我的属天教育最后一个阶段是爱心，如提摩太前书一章5节所说：「我们这些教训的目的就是爱」（当代圣经）。即使在我必须将亲爱的妻子路得交给主，爱对我依然具有丰富的意义，因为直到她过世以后，我才知道基督肢体中竟然有这么多的爱支持着我。直到今天，这种基督肢体的爱依然令我热泪盈眶。

我愿鼓励每一位教师继续在他们的恩赐，及其在教会中的运用日渐成长。不要只停留于舒适的范畴内教导，而是期待神开启新的真理天地，从那里祝福教会！

我记得七〇年代中，在亚特兰大的一间旅馆，我躺在床上时神对我说话：「从基立到撒勒法，从撒勒法到迦密，从迦密到何烈，从何烈进入多人的生命中。」我立刻发现这些都是以利亚事工的主要发生地点。他被基立溪旁的乌鸦与撒勒法的寡妇供养，在迦密山与假先知对决。但是在何烈山，他面对的是要膏立叙利亚与以色列的下一任国王，以及后来继承他的以利沙。我们要记得以利沙完成了神指派给以利亚的一切工作。神对我说「进入多人的生命中」。我的心愿就是教导别人，同时也教导别人如何教导！如保罗所说：

> 「你在许多见证人面前听见我所教训的，也要交托那忠心能教导别人的人。」（提摩太后书二章2节）

保罗教导提摩太，提摩太教导地方领袖，地方领袖再训练其他长老。教师的事工可以借着将纯正的圣经教训教导给下一代信徒而改写历史。我希望，我培养身后世代的领袖已经有所成果。

第 21 章

定点性事工：牧师

我们讨论了教会四种主要的机动性事工——使徒、先知、传福音的、教师。下面三章，我们要思考地方教会的定点性事工：长老（牧师）与执事。

区分机动性事工与定点性事工非常重要。机动性事工可以在神所指定的任何区域发挥功用。如果一个人有使徒职分，他无论在耶路撒冷、安提阿、哥林多，都是使徒。然而，如果一个人作安提阿的长老或牧师，他搬到哥林多，就未必是哥林多的长老。他必须重新被任命，因为定点性的事工并不能自动转移到另一地区。

我相信新约圣经中每个教会面对的问题与挑战都是独特的，所以神在这些城市设立某些职分。这些人被膏抹，是为着他所在的城市或地区，不是为着「地极」。这是定点性事工的性质。

在神的子民当中，能有这些专注于地方会众的事工是何等重要！机动性事工建造的是普世肢体，定点性事工是投注于城市中的家庭、群体、个人。这是基督肢体中的必要均衡。有些事工一定要留守。如果领袖们总是进进出出，无人照料羊群，神的子民会不安定。如下所见，牧师长老献身于羊群的属灵需求，执事则专心于物质或实质上的需求。因此，在神的计划中，地极与每个城镇都得到照料。

信徒对地方教会的领导有很多困惑，我会在本章讨论。其实我在这里讨论很多成见与传统，甚至会颠覆你的神学观！

腓立比书一章1节，我们看到地方教会的全体成员：

> 「基督耶稣的仆人保罗和提摩太写信给凡住腓立比、在基督耶稣里的众圣徒，和诸位监督，诸位执事。」（腓立比书一章1节）

这里有构成地方教会的三组人：信徒与两种领袖：监督（或称为主教或长老），以及执事。除此以外没有其他群组。

同样领袖的不同称呼

首先，我们来探讨监督。在腓立比书用的希腊文是poimen，通常译为「牧者」，只有在以弗所书四章11节译为「牧师」。我们要先厘清语言与翻译造成的一些问题。在新约希腊文，有三个不同的字描述同样一个职分。除了这三个字，英王钦定本圣经用了三个英文字翻译其中的两个字，所以总共有五个英文称呼，但是形容同样的事工或职分！好几个世纪以来，当然在英语基督徒当中不断引起困惑。我在这三章的主要目的之一，就是要理清这些困惑，让人清楚认识这个重要的职分。

我要承认，多年来我也一直在困惑中挣扎。我以前常常讲牧师与长老，好像是两个不同的职分。当我突然发现牧师与长老是同一个人、同一个职分的两个不同名称，我觉得像是晴天霹雳！我对新约教会组织的研究，好像是拿着多余的一片在玩拼图，不管怎么拼，总是有一片无法放置。这片多出来的就是把牧师当作与长老不同的一个职分。但是，这种对教会领导的看法并没有新约根据。牧师或牧者与长老都是同一个职分。我们检视新约圣经的三个希腊文与五个英文头衔，就会非常清楚，其实讲的是同一个人。

第一个希腊文是presbuteros，意思是长老，英文字presbytery（长老议会）即源于此。长老会之所有此名称，是因为他们相信长老治理教会。在钦定本通常译为「长老」，所以这个翻译没问题。

下一个希腊文是episkopos，字意没什么疑问：epi是「在……之上」，skopos是「观者」，也就是「监督」的意思。钦定本用字古老，所以episkopos有时译为bishop（主教）。很多人不知道「监督」(overseer) 与「主教」(bishop) 是同一个词的不同译法。

其实，你如果对语言学有兴趣，有些欧洲语言就直接采纳了episkopos这个字。例如，丹麦文的biskof只是把episkopos的e拿去，p变成b。英文的bishop即是直接音译斯堪的纳维亚语文的biskof，不过还是监督的意思。

第三个字我已经提过，是poimen，意即「牧人」，在新约圣经也大致如此翻译，只有一次在钦定本（和合本亦如是）译为「牧师」。但是我们必须记得，这是当时翻译「牧人」的用字，今天这两个字蕴含的意思已经大相径庭，不过所提到的职分还是牧者的服事。所以，一个定点性领袖有三个希腊文与五个不同的英文称呼。难怪谈起地方教会的领袖就一片混乱！

领袖的三个希腊文	领袖的五个英文字
presbuteros	长老（elder）
episkopos	牧师（pastor）
poimen	主教（bishop）
	牧者（shepherd）
	监督（overseer）

所以我的结论是，这些不同的字都意指同一个职分或事工。我们来看看这些名称互换的一些经文：

「保罗从米利都打发人往以弗所去，请教会的长老来。」（使徒行传二十章17节）

在此处他们被称为「长老」。使徒行传第二十章的大部分内容是保罗对这些长老说的话。当他说下面这段话，对象还是长老：

「圣灵立你们作全群的监督，你们就当为自己谨慎，也

为全群谨慎，牧养神的教会，就是祂用自己血所买来的〔或译：救赎的〕。」（第28节）

他们在第17节被称为长老，但是在第28节却被称为羊群的监督，后者向来与牧者的工作相关。然后我们又读到「牧养神的教会」。先前已经看到，「牧养」的希腊文名词是poimen。这里译为「牧养」的希腊文是动词poimaino。要正确翻译这节经文，应该是说这些长老或监督牧养羊群或教会。

请再注意，这些长老是地方教会承认的领袖，在会众当中没有人高过他们。如果长老背后还有牧师或其他领袖，那么保罗在这里召聚长老发出指示，却忽略牧师，那么他的行为就极不合体统。但是保罗没有这么做，因为背后没有牧师，因此没有忽略谁。这些长老共同成为那个教会的地方领袖。

接下来，我们翻到提多书，保罗如此说道：

「我从前留你在革哩底，是要你将那没有办完的事都办整齐了，又照我所吩咐你的，在各城设立长老。」（提多书一章5节）

如前所见，提多的主要责任之一是要按立长老。然后保罗在下一节继续描述长老应是什么样的人选：

「若有无可指责的人，只作一个妇人的丈夫，儿女也是信主的，没有人告他们是放荡不服约束的，就可以设立。监督既是神的管家，必须无可指责…… 。」

（第6～7节）

保罗论及长老，但这里用的却是「监督」，所以两个字绝对可以互用。长老就是监督，监督就是长老。这不仅是保罗的用法，也是彼得的用法。翻到彼得前书，我们看到他也把两个用字综合在一起：

> 「你们从前好像迷路的羊，但现在已经回到你们灵魂的牧人和监督那里了。」（彼得前书二章25节，新译本）

与监督可以互换的字眼是「主教」，所以耶稣是我们灵魂的「牧人」与「监督」(主教)，两者是同一人。

在彼得前书第五章，三个观念连合在一起，而且都可以用于长老：

> 「我这作长老、作基督受苦的见证、同享后来所要显现之荣耀的，劝你们中间与我同作长老的人：务要牧养在你们中间神的群羊，按着神旨意照管（原文作「监督」）他们。」（第1～2节）

他们在第1节被称作「长老」，在第二节受命要「牧养……群羊，监督他们」。此处，长老（presbuteros）加上喂养或牧养（poimaino）与监督（episkopao，episkopos的动词型）。所以彼得与保罗都认定地方教会的领袖是长老，他们也被称为牧者或监督。我们可以归纳如下：领袖的资格是要成为长老；属灵的职分是牧养；要做的工作是监督。我们由三个角度来看一个人。

多人领导

我们下一个要确定的事实是，圣经提到这些定点性领袖，一定是用复数。新约没有一个案例是由一个人、一个牧师带领地方会众。根本就无此概念。其实，单人领导完全不曾出现在早期教会的整体次序与状况中，这与新约圣经对地方教会领袖的教导也是背道而驰的。新约圣经所描绘的是团队事工。

我们看看以复数提到地方领袖的经文：「二人在各教会中选立了长老（复数）……」（使徒行传十四章23节）。请注意，在这节经文的原文，教会是单数，长老却是复数。每间教会都有好几位长老，而不是一位长老、一位牧师、一位传道人，而是每间教会有好几位长老。我们已经看过使徒行传二十章17节，保罗「请教会的长老（复数）来。」不是一名长老，牧师、主教，或主管，而是教会的众长老。城市与教会有共存空间。换句话说，它们有同样的范畴与界线。一节经文讲到在每间教会按立长老，另一节就会讲到在每个城市按立长老。我们容后会重新讨论这个观念。

先前也看过腓立比书一章1节，讲到「监督与执事」，没有提到牧师或传道人。在帖撒罗尼迦前书则读到：

> 「弟兄们，我们劝你们敬重那在你们中间劳苦的人，就是在主里面治理你们、劝戒你们的。」（帖撒罗尼迦前

书五章12节）

「那」在你们中间劳苦的人是复数，他们做的三件事与领袖的三个头衔相呼应：劳苦（牧者、牧师）、治理（主教、监督）、劝戒（长老）。

希伯来书三次提到地方教会的领袖，每次都是复数：

> 「从前引导你们、传神之道给你们的人，你们要想念他们，效法他们的信心……你们要依从那些引导你们的，且要顺服；因他们为你们的灵魂时刻儆醒……请你们问引导你们的诸位和众圣徒安。」（希伯来书十三章7、17、24节）

我们所读的这些经节，没有丝毫迹象显示地方教会只有一个人治理。每段经文都非常清楚，这是由多人领导，或团队领导的职分。我们也由经验得知，牧养神的子民，责任范畴之深广，比起机动性事工更需要群起效力。因为机动性事工原本就比定点性事工更专门。定点性事工好像普通科医生，要顾及广泛的问题；机动性事工却好像医学里的专门领域。带领地方教会群体长大成熟，牵涉到太多议题，需要团队来处理面对。这也正是新约圣经所描述的。

翻到使徒行传第十五章，重要的领袖聚集讨论外邦人的信主问题，我们又看见多人领导贯穿整个地方画面：

> 「众门徒就定规，叫保罗、巴拿巴和本会中几个人，为

所辩论的，上耶路撒冷去见使徒和长老。」（使徒行传十五章2节）

「到了耶路撒冷，教会和使徒并长老都接待他们。」（第4节）

「使徒和长老聚会商议这事。」（第6节）

「当时，使徒、长老和全教会都认为好。」（第22节，新译本）

「他们经过各城，把耶路撒冷使徒和长老所定的条规交给门徒遵守。」（使徒行传十六章4节）

我们再次看见，根本没有任何一个人作领袖的迹象，却有五次提到使徒与长老同为地方教会的领袖。

在使徒行传十五章23节，我们有个较为正式的例子，支持上述看法，是一封信的内容：

「于是写信交付他们，内中说：『使徒和作长老的弟兄们问安提阿、叙利亚、基利家外邦众弟兄的安。』」

这也是多人的领导群。请注意新约圣经对定点性事工的称呼与多人性质的看法非常一致，没什么臆测的余地。

神的原始模式

这种领导模式非常激进的原因是，在任何一个地区，向来只需要一个地方教会，即使有成千上万的信徒。如先前所说，每间城市从来不会有一个以上的教会。从来没有耶路撒冷众教会、安提阿众教会、哥林多众教会这种情况。我们看到的是耶路撒冷教会、安提阿教会、哥林多教会。不过，这些城市的信徒人数非常多。历史学者估计，安提阿至少有四万名信徒，哥林多至少有两万五千名信徒，然而却只有一个教会！

一个人无法有效牧养五百人，更遑论五千或五万！牧者若想要监督这么多人，根本不可能克尽其职。另一个作法就是有多名领袖——众长老／监督／牧者。若是如此，就算会众再多，也不用分门别派。每当会众增长，就指派新的领袖，会友与领袖的数目经常保持一定的比例。

例如，假设每五十人需要一位长老，五百会众就需要十位长老，五千会众就需要一百位长老，五万会众就需要一千位长老。但是你永远不需要只因为教会增长，就把会友一分为二，在一个地区弄成两个教会。

我们来看耶路撒冷教会如何照此安排。使徒行传十八章21～22节说保罗到了该撒利亚，拜访当地教会，然后上到耶路撒冷向教会报告——不是众教会，而是一个教会。在使徒行传二十一章20节可以看到教会的大小：

「他们听见，就归荣耀与神，对保罗说：『兄台，你看犹太人中信主的有多少万，并且都为律法热心。』」

译成「万」的希腊原文是myriads，意为「一万」。从这里的措词来看，至少是一万的五倍，所以耶路撒冷的会众有五万人！同一章第22节说：「那要怎么办？众人一定会聚集……」(NKJV)。这节经文讲的是一个人数相当多的群众，但却是一个教会。怎么可能呢？因为他们按照教会人数的比例设立长老。

我相信神每做一件事，第一次就成功。这个模式对我们或许很陌生，然而是祂的模式。由此我总会想到挪亚方舟。方舟由神设计，由挪亚完全按着神的设计精确建造，绝对不用收回重建，或是停靠码头改善或修补。第一次就建造正确。这就是神行事的方式。

想想耶稣基督这位完美使徒、完美先知、完美布道者、完美教师、完美牧者的事工。祂一开始就建立这五方面的事工，神除了耶稣基督的工作以外，也没有其他计划。我们只要做耶稣做过的事——就这么简单。祂说：

「我实实在在地告诉你们，我所做的事，信我的人也要做。」（约翰福音十四章12节）

神以正确的模式开始，藉由圣灵赐给早期教会使徒与其他领袖，而且祂绝对不会接受另一个模式。多年来，我们看过不少其他的方式与事工，但却从没有完成神希望完成的工作。既然如此，为什么不遵照祂的计划，反倒要求神照着我们认为祂必须怎么做的方法去行事呢?

关于长老的重要与必要，我再提出先前在其他脉络讨论过的两点。

按立长老，成立教会

第一点由下列经文说明：

> 「对那城里的人传了福音，使好些人作门徒，就回路司得、以哥念、安提阿去，坚固门徒的心，劝他们恒守所信的道；又说：『我们进入神的国，必须经历许多艰难。』」（使徒行传十四章21～22节）

他们回到去年服事过的路司得、以哥念、安提阿这些城市。第一次离开的时候，所留下的人被称为「门徒」。经文并没有说他们离开教会。在此之前，还没有以教会称呼他们。但是他们再回去的时候，

> 「二人在各教会中选立了长老，又禁食祷告，就把他们交托所信的主。」（第23节）

请注意由门徒到教会的转换。发生了什么事？按立了长老。没有长老，就徒有一群纷乱无绪的门徒。一旦设立适当的领袖，这些门徒群体按照圣经就可以被认为是教会。由此标准来判断，我们要如何看待没有照此标准组织的众多宗派与教会呢?

在路司得、以哥念、安提阿按立的长老，信主最多不超过一年，或许更短。他们不是读过神学院的优秀学生，也没有上过十五年的成人主日学，只是才认识神与基要真理不久的一群人。当保罗与巴拿巴回来，圣灵向他们显明谁可以作领袖。人选可说是昭然若揭，就是那些天生有担当、负责任的人。领袖总是因着主动、服事、有责任心脱颖而出。如此，使徒只要辨识出神已经清楚决定的人选即可。

定点性领袖的必要

第二个重点见于下列经文：

> 「我从前留你在革哩底，是要你将那没有办完的事都办整齐了，又照我所吩咐你的，在各城设立长老。」(提多书一章5节)

没有按立长老以前，教会总是缺少了什么。所以定点性领袖这个议题绝对是很重要的，不容忽略或置之不理。我们的教会有次序，还是有缺乏？地方教会群体最迫切的需要，就是要采用圣经模式中的「土生土长」领导群。「土生土长」这个词是用来形容那些以地方教会为「神学院」的人。牧师／长老出自于他们以后牧养的教会，这是相当值得称道的一件事。

我自己受过良好的教育，也相当感激正规训练的成果。然而正规训练所学的技能，并非我在地方教会生活所需要的。我必须要说，经过地方教会熔炉的人，才能够在教会产生最大的影响。我要再问：我们要改善神的方法，还是要符合神的方法呢?

机动与定点的关系

现在来讨论地方教会中使徒与长老的关系。先前讨论教会的结构，已经提到部分内容。这两种事工模式如何互动呢? 使徒虽然主要是服事整个基督身体的机动性事工，他在某处还是有自己的母会。他无论住在哪里，应该与地方教会的成员有交流。我们或许可以说，使徒是所居住地的教会成员。

彼得讨论到使徒与地方教会的关系：

「我这作长老……劝你们中间与我同作长老的人。」
(彼得前书五章1节)

身为耶路撒冷的居民，使徒彼得与其他长老共同担任耶路撒冷教会的长老。由于使徒事工通常也包含了先知、传福音、教师、长老的事工，所以使徒在自己的母会也发挥长老的功用。他的位阶并没有比长老高，因为没有任何一个人或群体能高于长老。这是我们不可忽略的重大基本原则。长老是领袖，没有人能高于这个职分。一旦有人高于长老，你就要有人高于他，然后再找另一人高于他，结果造成一种官僚体系。

机动性事工与地方教会来往的另一个例子见于安提阿教会。

「在安提阿的教会中，有几位先知和教师……。」（使徒行传十三章1节）

有五个人在此被列为先知与教师。当时，他们是安提阿的居民，所以安提阿是他们的地方教会。在那批会众当中，他们因着先知与教师的事工而位居领袖，但还是与其他地方领袖一同在会众当中任职。

如前所见，下列经文描述地方教会的主要职分或事工：

「神在教会所设立的：第一是使徒，第二是先知，第三是教师，其次是行异能的，再次是得恩赐医病的，帮助人的，治理事的，说方言的。」（哥林多前书十二章28节）

最资深的职分是使徒，然后是先知与教师，但他们都同作长老。只有在地方教会以外的权柄，他们才分层级。在教会之内，他们同等。

这种作法极其有道理，而且实际。我们需要小心维持均衡，特别是使徒与地方长老的关系。使徒不能成为高于长老的领导阶层。不过由于使徒的某些事工，尤其是在教义方面，他们确实具有最高权柄。

我们在圣经中的众多道理要不偏不倚。我以夫妻关系为例说明。圣经说丈夫是妻子的头，但丈夫要爱妻子。双方都有责任承担（参考以弗所书五章22～31节）。很多婚姻出问题，是因为一方或双方没有履行自己的义务。互相履行责任是婚姻成功的必备条件。妻子要顺服，但丈夫要珍惜妻子。如果丈夫不珍惜妻子，顺服就成了一种枷锁。另一方面，如果丈夫领导，但是妻子不愿顺服，那么丈夫的领导就成了独裁。所以若要婚姻发挥功用，双方都要各取自己的位分，并尊重、认可对方的位分。

我认为地方教会的使徒与长老几乎与婚姻关系相似。使徒不可以说：「我们位分更高，你们必须要照着我们的话去做，因为我们是使徒。」另一方面，在使徒事工之下的某些范畴，他们的意见的确是最高权威。因此，地方长老不能对使徒说：「你们只是长老，我们不需要特别注意你们的意见。」他们应该说：「你们也是作长老的，但因为你们有使徒职分，所以我们有义务听听你们的看法。」如果长老中没有使徒，那就应该聆听资深长老的看法。无论如何，不应该有独裁的领袖。

不仅彼得提到使徒与地方教会的关系，约翰也提过：

> 「作长老的写信给蒙拣选的太太〔或译：教会；下同〕，和她的儿女……。」(约翰二书 1 节)

> 「作长老的写信给亲爱的该犹……。」(约翰三书 1 节)

约翰是使徒，但也担任长老的职分，就像彼得一样。约翰三书说得很清楚，在该犹居住的城市，教会的状况是长老出问题，因为有个叫丢特腓的人犯了基督徒的通病：想要作每个人的首领，每个人都要听命于他一个人，而且每件事要他说了才算。约翰是个有恩慈、有爱心的人，然而他对丢特腓的措词却非常尖锐：

> 「我曾略略地写信给教会，但那在教会中好为首的丢特腓不接待我们。所以我若去，必要提说他所行的事，就是他用恶言妄论我们。还不以此为足，他自己不接待弟兄，有人愿意接待，他也禁止，并且将接待弟兄的人赶出教会。」（约翰三书9～10节）

这是个典型的教会问题。丢特腓执意认为他是惟一的牧者，每个人都要照他的话去做。约翰身为使徒，说道：「我去的话，我会处置丢特腓。」请注意权柄的相互作用。

事实上，基督徒生命的每一层面、地方教会的每一层面，都有权柄与纪律的本则。基督徒拒绝圣经纪律，结果就是混乱与灾难。大部分基督徒根本就毫无概念，守纪律是什么意思。当人接受圣灵的洗，常常对自由产生错误的观念。他们说：「我现在自由了，我可以爱做什么，就做什么。」那不是自由，那是幼稚！

我们在肯尼亚服事的时候，肯尼亚刚刚独立不久。那时候老百姓常说：「uhuru（独立）的时候，我们可以在马路的任何一边骑脚踏车。我们不用付钱就可以搭公交车，也不用再缴税了。」那是他们对国家独立的看法。有些基督徒在属灵上的幼稚，就像有些人在政治领域幼稚一样。基督徒与教会生活的各层各面，都有权柄与纪律。我们要记得，首批被称为基督徒的人是「门徒」（disciples），或是「接受纪律的人」（译注：「纪律」的英文是discipline)（参考使徒行传十一章26节）。我们需要重新好好了解教会的领导是团队领导，由敬虔的监督带领、指引我们。

第 2 2 章

牧师：治理、教导、牧养

本章要继续深入探讨牧师或长老的工作。定点性职分的两个主要角色就是治理与教导，一如在下列与其他经文所见：

「那些善于治理教会的长老，尤其是那些在讲道和教导上劳苦的长老，你们应当看他们是配受加倍的敬重和供奉的。」（提摩太前书五章17节，新译本）

「你们要记念那些领导过你们，把神的道传给你们的人；你们要观察他们一生的成果，要效法他们的信心。」（希伯来书十三章7节，新译本）

第三个主要角色是牧养：

「圣灵立你们作全群的监督，你们就当为自己谨慎，也为全群谨慎，牧养神的教会，就是他用自己血所买来

的〔或译：救赎的〕。」（使徒行传二十章28节）

「务要牧养在你们中间神的群羊，按着神旨意照管他们；不是出于勉强，乃是出于甘心；也不是因为贪财，乃是出于乐意；也不是辖制所托付你们的，乃是作群羊的榜样。到了牧长显现的时候，你们必得那永不衰残的荣耀冠冕。」（彼得前书五章2～4节）

我真心相信，牧者心肠是一个真牧师／长老的明显标记。他总是心系他的羊群，一直在他们当中保护与引导。

我们来仔细看看这三种角色。

长老与治理

「治理」这个动词在新约圣经有些颇有意思的用法，表示相当程度的权柄与纪律。其实，一个人若是在自己的领导与保护的角色上无法拥有或行使真正的权柄，就不能真正发挥牧者的功能。我们看弥迦书五章2节有关弥赛亚的经节，引用于新约圣经：

「犹大地的伯利恒啊，你在犹大诸城中并不是最小的；因为将来有一位君王要从你那里出来，牧养我以色列民。」（马太福音二章6节）

「牧养」是希腊原文的意思，但在钦定本译为「治理」。同样的字在启示录出现三次：

「得胜的，又遵守我的旨意到底的，我必把统治列国的权柄赐给他，他必用铁杖治理[牧养]他们，好像打碎陶器一样粉碎他们。」（启示录二章26～27，新译本）

这里用了「杖」这个字，强调此处提到的是一个牧者，然而不是木杖，而是铁杖。请注意铁杖是用来粉碎列国，像陶匠粉碎陶器一样。权柄与纪律的意味在这个字非常强烈。

读启示录十二章1节，「身披日头」的妇人

「生了一个男孩子，就是将来要用铁杖治理列国的。」（第5节，新译本）

我们再次看见弥赛亚以铁杖治理与牧养。第三处用在耶稣基督：

「有利剑从祂口中出来，可以击杀列国。祂必用铁杖辖管〔辖管：原文是牧〕他们，并要踹全能神烈怒的酒醡。」（启示录十九章15节）

我不是主张教会的牧者要用铁杖治理，我只是要提出来，启示录这三处经文的权柄意味非常浓厚。综观圣经，并没有特别强调羊群要听命于牧者，因为这是理所当然的。真正的重点在于牧者不能辖制羊群，或是过度运用权柄。这与今天的教会状况刚好相反，人受治理的观念几乎被视为过时的看法了。

然而，神的原始领导计划中揉合了美妙的均衡。装备圣徒做圣工的重责大任，一定要有权柄，因为责任需要权柄。然而，根据圣经模式，这些人要从他们所要治理的群体中兴起。如此，他们在成员中有行为历史记录可循，他们也与成员拥有共同的文化与异象。神的计划何等完美！权柄借着彼此的关系来制衡，从古至今都应是如此。牧人与追随他的人有美好的关系，就不会恶待他们。现在的制度把完全陌生的人带进教会，没有建立关系就滥用权柄，不然就是力争最基本的权柄，好能够做事情。

长老与教导

长老或牧师的第二个工作是教导：

> 「坚守所教真实的道理，就能将纯正的教训劝化人，又能把争辩的人驳倒了。」（提多书一章9节）

长老要受过深入的教导，而且也要能够教导别人。我们已经看到，提摩太后书二章2节描述得非常清楚。保罗指示提摩太如何在会众当中带出教导的事工：

> 「你在许多见证人面前听见我所教训的，也要交托那忠心能教导别人的人。」

这是圣经论及长老与教导所呈现的脉络。长老本人必须受过教导，然后也必须能够将自己领受的教导传授给其他有潜力的领袖。如此，就不会缺少有能力教导的领袖，永远不会枯竭，而代代相传不息。

在地方教会当中作教师，要脱离所谓「讲台性格」的印象。我在上一章以亚波罗为例，说到在普世肢体中作教导事工，需要以非常有系统的方式公开解释圣经。然而，相形之下，地方长老的教导规模就很小，这是个人辅导，以及小组的教导。很多人对讲台服事不自在，但是在个人指导却相当能发挥效力。今天的教会亟需这种教师。

因为我投身于教导事工，所以能体会到这个实情。当我出外讲道，讲完时常有十五名或更多人排队，等着问我问题。有些人与我有相同的服事，也经历同样的情况。然而，大多数的问题应该由教会内任何受正常装备的长老来回答就可以。但是我发现，这些人十之八九在当地找不到人可以回答他们的问题。这是非常迫切的需要，我们应该立刻为教会寻求供应。

长老与牧养

现在来看长老的牧养角色，还是一样的职分，但现在基本上要探讨的是他的事工。我已经说过，耶稣是每项事工的典范。因此，我们找牧养事工的典范，当然应该从祂开始。约翰福音第十章讲到「好牧人」。好这个字未必是德性上的好，也有「效率、能干、知道自己在做什么」的意思。耶稣亲自发言，以牧人典范的身分指出牧人必须做的事，这值得我们好好研究：

「我是好牧人；好牧人为羊舍命。若是雇工，不是牧

> 人，羊也不是他自己的，他看见狼来，就撇下羊逃走；狼抓住羊，赶散了羊群。雇工逃走，因他是雇工，并不顾念羊。我是好牧人；我认识我的羊，我的羊也认识我，正如父认识我，我也认识父一样；并且我为羊舍命。」（约翰福音十章11～15节）

从这段经文可知，耶稣与天父的关系，正如同羊群与牧人的关系：「正如我认识父、父认识我，我的羊也认识我、我也认识他们。」我认为这是该段经文的真正意义，因此非常重要。重点在于认识羊，以及被羊所认识。这是亲密的个人关系。

> 「我另外有羊，不是这圈里的；我必须领他们来，他们也要听我的声音，并且要合成一群，归一个牧人了……我的羊听我的声音，我也认识他们，他们也跟着我。」（约翰福音十章16、27节）

牧养事工的四个特色

根据耶稣这些话，我们看到牧养事工有四个特色。第一是舍命。基本上，牧人的生命不属于自己，而是属于羊群。任何人想要过取悦自己、自我放纵的生活，根本没有权利踏进牧养事工。第一个要求就是为了神，为了服事神的子民，将生命献在祭坛上。一个人不愿意成为服事神子民的仆人，就无从履行这个呼召。

第二，牧者要以亲密的个人关系，个别认识他的羊。

第三，牧者要能被羊群个别认识，平易近人。

第四，牧者要传讲、引导。换句话说，借着传讲来引导。耶稣说：「我的羊听我的声音……他们也跟着我。」只要有基督徒所在之处，就需要有这些特质的牧者。

我先前的牧会工作距离现在已经有段时间。我有次在讲台上传讲牧养事工，基本上与我在本书所说一样。讲道结束前，我说：「我要正式跟各位说，我是你们的牧者，是你们的牧师。我也从圣经传讲了牧师应当如何。」然后我又说：「我不要假冒为善，我要在大家面前公开承认，我知道自己没有做到牧师应该做的事。你们可以责怪我，但至少我没有装假。我没有做的原因之一是我做不到。人数太多，而我没有时间去建立这种关系，做出这种事工。」

教会的会友并不多，差不多两百人。然而对我来说，要做到圣经所呈现的那种牧养事工，根本不可能。有很多优秀的牧师都尽己所能，但很多人最后却精神崩溃或心脏病发作，只因为对某些人来说，不可能对大量人作这种牧养。

这个真相让我彻悟，牧养事工不能独自面对太多会众。他们必须要划分成小组，每个小组必须有两三个作领袖的人。如此成员就可以去找认识他们的领袖——知道他们的问题、他们的婚姻与家庭状况、他们的经济状况。他能够与他们交心，并且帮助他们。我相信每个基督徒都需要一位从事这种事工的领袖。今天在美国各处，这是神的子民最迫切、最大的需求。

牧者诗篇

我们再来看其他几处讲到牧养事工的经文。诗篇二十三篇是大多数基督徒耳熟能详的诗篇，称为「牧者诗篇」，里面讲到牧人为羊做什么。戴维将自己置身于羊群的地位，如此写道：

「耶和华是我的牧者，我必不致缺乏。祂使我躺卧在青草地上，领我在可安歇的水边。祂使我的灵魂苏醒，为自己的名引导我走义路。」（第1～3节）

这段经文显出牧者的两个责任：一、提供水与草地；二、保护、引导、管制。牧人的杖是管理的记号。不容羊走到错误或危险的地方，让他们转离危险，保护他们安全是牧人的事。

神对牧者的期待

以西结书有一段非常撼人的经文，是耶和华记述以色列的牧者。这是严肃、悲伤的记述。耶和华责备他们没有尽上牧者当尽的本分，由此可见有些事是耶和华期待牧者要做到的。当我们想到在这个时代结束时，牧者都要向主交账，就会觉得很严肃。倘若知道神的期待，有些牧师在交账时必定会感到难堪。

「耶和华的话临到我说：『人子啊，你要向以色列的牧人发预言，攻击他们，说，主耶和华如此说：祸哉！以色列的牧人只知牧养自己。牧人岂不当牧养群羊吗？你们吃脂油、穿羊毛、宰肥壮的，却不牧养群羊。瘦弱的，你们没有养壮；有病的，你们没有医治；受伤的，你们没有缠裹；被逐的，你们没有领回；失丧的，你们没有寻找；但用强暴严严地辖制。」（以西结书三十四章1～4节）

从这段经文，我们看到神对牧者有六项期待：

1. 喂养羊群
2. 使软弱的强壮
3. 医治有病的
4. 缠裹受伤的
5. 领回被逐的
6. 寻找失丧的

关于服事病人，我们来比较雅各书五章14～15节：

「你们中间有病了的呢，他就该请教会的长老来；他们可以奉主的名用油抹他，为他祷告。出于信心的祈祷要救那病人，主必叫他起来；他若犯了罪，也必蒙赦免。」

请注意，新约圣经对生病的信徒开的处方是「请教会的长老」，也就是请牧者来。请他们来是信徒的责任，不是牧者的责任去找谁在生病。然后，是牧者的责任服事他们，膏抹他们、指引他们，辅导他们，为他们作信心的祷告。所以根据圣经，医病是在牧者的范畴内。

另一段经文记载了耶和华与以色列牧者的争论，在以赛亚书五十六章9～10节。牧人在这里被称为「看守的人」，这也是常常用于这些领袖的头衔。

「田野的诸兽都来吞吃吧！林中的诸兽也要如此。他看守的人是瞎眼的，都没有知识，都是哑巴狗，不能叫唤；但知做梦，躺卧，贪睡。」

这段经文有讽刺意味。看门狗的责任是看到狼走近羊群要吠叫，或是发出警讯。耶和华说，在以赛亚的时代，「我的看门狗都像哑巴狗，不能叫，只躺在那里睡觉。」在新约圣经，耶稣称假先知为「狼」：

「你们要防备假先知。他们到你们这里来，外面披着羊皮，里面却是残暴的狼。」（马太福音七章15节）

今天有假先知与假教师来到教会，大多数的牧者恐怕都像哑巴狗一样，毫不作声，就任凭敌人进到神的子民中间，而他们自己的灵还在沉睡。

耶和华对以西结讲到作一个守望的人：

「人子啊，我照样立你作以色列家守望的人。所以你要听我口中的话，替我警戒他们。我对恶人说：『恶人哪，你必要死！』你——以西结若不开口警戒恶人，使他离开所行的道，这恶人必死在罪孽之中，我却要向你讨他丧命的罪〔原文是血〕。倘若你警戒恶人转离所行的道，他仍不转离，他必死在罪孽之中，你却救自己脱离了罪。」（以西结书三十三章7～9节）

这段经文也同样与牧养事工有关。耶和华说，如果有人被百姓推举作守望者，而且战争的危险濒临，吹号发出警讯是守望者的职务。如果发生战争，守望者也吹了号，而百姓被杀是因为他们没有留意警讯，那么责任就归于百姓。但是如果战争与危机临头，而守望者没有吹号，那么他就要为死去的百姓负责。

由此可见这是极其慎重的责任。神说，如果属灵守望者没有警惕犯罪作恶的人，他也死在罪中，恶人虽仍会灭亡，但他们的血却要归在守望者的手上。当保罗对以弗所教会讲到他在他们当中的事工，同时勉励他们也以同样的原则行事为人的时候，一定也想到上述经文：

「你们也知道，凡与你们有益的，我没有一样避讳不说的，或在众人面前，或在各人家里，我都教导你们；又对犹太人和希利尼人证明当向神悔改，信靠我主耶稣基督。」（使徒行传二十章20～21节）

保罗能够由衷地说，他没有隐瞒任何以弗所信徒应该知道的真理。他对他们宣讲的是全备真理。

「所以在今天这日子、我确实地告诉你们，你们众人若

> 流血而灭亡，我干净无罪！因为神的全部计划，我已经毫无保留的传给你们了。」（第26～27节，吕振中与新译本）

如果没有传讲全备真理，致使灵魂没有听到警讯，或是没有受到该受的教导，神会要传讲的人承担责任。对我来说，要能够说出「因为神的全部计划，我已经毫无保留的传给你们了」，是相当郑重严肃的一件事。

从这段经文明显看出，保罗一定受到一些压力而没有屈从。事实上，今天在教会也有很多压力，使人无法毫无保留地传讲神的全部计划。我知道有很多人所知道的，远比他们传讲的要多。使他们没有宣讲全部真理的原因很多——宗派的、社会的、经济的原因：「如果我冒犯了有钱的会友怎么办？如果我违背宗派的教导怎么办？」但保罗常记在心，他主要是向神交待，不是向他传讲或教导的人交待。他的责任是宣讲他从神的话语中所知道的真理，而且毫无保留。我认为圣经的教导是，毫无保留地传讲是牧者的责任。

严苛的职分

现在来看看雅各作牧者的见证。我多年前在以色列听过有人传讲这个信息，对我造成深刻的影响。雅各在舅舅拉班家作了二十年的牧人，讲到他做了什么工作，过着什么样的生活：

> 「我在你家这二十年，你的母绵羊、母山羊没有掉过

胎。你群中的公羊，我没有吃过；被野兽撕裂的，我没有带来给你，是我自己赔上。无论是白日，是黑夜，被偷去的，你都向我索要。我白日受尽干热，黑夜受尽寒霜，不得合眼睡着，我常是这样。」（创世记三十一章38～40节）

雅各最后说：「我晚上不能睡觉，因为如果在我照管下失窃的，我都要负责。」这正是牧者呼召的写照，也正是今天的牧养事工写照。我认为这段经文可以与希伯来书十三章17节相对照：「你们要依从那些引导你们的，且要顺服；因他们为你们的灵魂时刻儆醒，好像那将来交账的人。」教会领袖要殷勤看守在他照管之下的灵魂。

长老的资格

长老或是牧者需具备什么资格？根据圣经，我们要对他有何期待？首先要翻到约翰福音，耶稣在加利利海边对彼得说的话。两人相遇的背景是彼得身为耶稣的门徒，曾经誓言即使所有的人都离弃耶稣，他仍永远不会离弃。但耶稣对彼得说：「我实在告诉你，就在今天夜里，鸡叫两遍以先，你要三次不认我。」（马可福音十四章30节）彼得不能相信那是真的，但后来正是如此。他三次公开否认耶稣，说祂与他毫无瓜葛。

这是非常非常沉重的一个事实，因为在复活的场景中，当天使对妇女说话，天使的信息是「你们可以去告诉祂的门徒和彼得」（马可福音十六章7节）。言下之意，彼得不再是使徒了。

为什么？因为他否认自己跟随耶稣，作出错误的表白，所以没有权利拥有门徒的头衔。当你读彼得与耶稣的会面，会发现彼得不了解主在做什么，但是主从他问出三次正确的表白，弥补了他的三次错误表白。

这个经历蕴含了有关正确与错误表白的重要真理。很多时候，我们说错话、做错事，必须以正确的表白消弭原先的错误。例如，如果我们还没有饶恕某人，就以饶恕消弭先前的不饶恕。这个原理在其他方面也属实。所以，耶稣根据彼得三次否认祂，带领彼得作出三次正确的表白。基于每一次表白，耶稣将牧养羊群的事工交付给彼得。我们来看耶稣所说的话。我会加上一些补充解释，把希腊文的意思更精确地呈现出来。

> 「他们吃完了早饭，耶稣对西门？彼得说：『约翰〔在马太十六章17节称约拿〕的儿子西门，你爱我[表达爱最强烈的希腊文：热切、全心、深挚地]比这些[其他的门徒，因为你说过他们离弃我的时候，你要在我身边]更深吗？』彼得说：『主啊，是的，祢知道我爱祢[语气远较为薄弱的字，是对朋友说的『我喜欢你』]。』耶稣对他说：『你喂养我的小羊[根据彼得的表述]。』耶稣第二次又对他说：『约翰的儿子西门，你爱我[热切、深挚地]吗？』彼得说：『主啊，是的，祢知道我爱祢[还是「我喜欢祢」]。』耶稣说：『你牧养我的羊[这句中文可省略]。』第三次对他说：『约翰的儿子西门，你爱我吗[这次，耶稣屈就彼得的层次，

说：「你喜欢我吗」]? 』彼得因为耶稣第三次对他说『你爱我吗』，就忧愁，对耶稣说：『主啊，祢是无所不知的；祢知道我爱祢 [我喜欢你]。』耶稣说：『你喂养我的羊。』」（约翰福音二十一章 15～17 节）

我对彼得的反应感到有些讶异。因为彼得一向冲动，总是会言过其实。但是在这里，他非常小心，讲得有些保留。

这段经文有三次托付：「你喂养我的羊。」每次的指示并不尽相同，但请注意照管主的羊群，基本条件不是对羊的态度，而是对主的态度：「你爱我吗？你喂养我的羊。」

我从经验得知，凭着感觉的爱，绝对无法贯彻始终照管神的百姓。如果我们的眼目与意念只集中于人，当受到他们以恶劣不值的手段对待我们，我们爱心必定不够坚强；不然就是任凭他们任意妄为，使我们做一些主不希望我们做的事。

我看到有很多人走偏，以这种人间次等的爱、同情、感性做牧养事工，这根本经不起困难的考验。例如神的百姓对你不存感激，反而批判指责你，在背后指点你，一点也不领情。若是没有比人间的爱层次更高的东西，就无法经得起考验。

能经得起考验，能经过大风大浪而依然忠心服事，是因为对主的忠诚。所以最主要的条件，也是其他事工的基本要求，是真正完全将自己献给耶稣基督。如果能做到这一点，祂就会说：「我要托付你作我的羊群牧人。」

以此为基础，圣经列出不少要求于长老或牧者的资格。若是有谁能百分之百合乎这些项目，绝对拥有出众的品德。这些项目出自提摩太前书三章1～7节，以及提多书一章5～9节，我会归纳在一起。建议读者多读几个圣经版本，比较这两段经文的措词用语，清楚知道这些必要的特质。我把自己归纳的三点列出来：个人品德、家庭状况、属灵能力。如此归纳是为了收综览之效。各位研究这两段经文，当然可以补充我作的归纳。

个人品德

下列是正面的要求：长老必须无可指摘。以此为开头，的确惊人，不是吗？换句话说，这个人的生活不能有任何明显或持续的问题，致使别人不想要他作长老。长老也必须要儆醒、有耐心、节制、公正、圣洁、喜爱良善。

然后是长老绝对不可有的负面品性。他绝不能任性、贪心、暴燥、凶猛、醉酒。

家庭状况

有关长老的品德与家庭，圣经提到下列几点：

1. 他必须是一个妻子的丈夫

2. 家庭与子女都守纪律

3. 他必须愿意，也能够款待人——不仅是愿意，而且要能够。如果子女没有规矩，他就不能款待人。我去过很多家庭，根本就无法好好的持续谈话，因为孩子不断喧闹吵架，没讲上几个字就会被打断。有不少事情都取决于家庭的氛围。

4. 长老必须在小区受尊重。这是不可或缺的。地方教会的领袖必须有资格，向非信徒或是还没有委身的信徒，作为全教会的代表。我看过一个人有酒瘾，又打太太，结果奇妙地信了主，而且没几天就在教会担任职位。这是错误的作法。我们为他奇妙得救感谢主，但不能指望其他人能马上信服。他必须要以生活证明，赢取小区的尊重，才能担任职位。

属灵能力

长老必须有深厚的教义根底，并且可以教导别人。本书先前讨论使徒与长老研读、明白圣经，并且能够将知识传授给信徒，已经反映了长老的这个条件。

任命长老

任命长老有两个条件并列：第一，要辨识出圣灵为此事工已经预备的人选。第二，知道并实际采用圣经的原则。任命不是借着神奇的预言启示，而是借着神所赐的普通常识与对圣灵的敏锐——能够看得出圣灵在一些人身上动工。任命不是领受先知性预言，说：「你就是长老」等等的。如此就完全否定了上述的分辨方法。如果读者觉得我在这一点上花很多唇舌，那是因为我确实遇见这种情形发生。有个人去到一个城市才三四天，就四处替人按立长老，然后再前往下一站。这与圣经呈现的方法完全相反。负责任命人的必须认识长老人选，了解他们的生命，并且能够判断他们是否合乎标准。然后他也必须知道圣灵的心意。这些人是圣灵已经为此职分预备的人选吗?

在新约圣经清楚可见，长老在没有特别被认可之前，并不能完全发挥其功能。有很多经文强调这一点。例如，雅各书五章 14 节说道 :「你们中间有病了的呢，他就该请教会的长老来；他们可以奉主的名用油抹他，为他祷告。」很明显，每个基督徒都知道谁是他们的长老，所以在这种情况可以请他们来。所以无可否认的，即使一个人具备所有资格——有服事的心、被圣灵装备——他在正式被肢体认可之前，仍不能完全执行这项功能。是肢体的认可给了他能够如此行使职权。

我的结论是：除非我们预备好去辨识、以正确的名称称呼、接受所有随之而来的情形，否则就无法看到教会出现如新约教会中的真正长老职分。如果照着圣经的方法去做，而且我们当中有些人已经个人亲身体验到，这么做便是踏出关系重大、革命性的一步。我愈研究这方面的教会领导，愈深信：如果不按照神显明给我们的方法，按部就班去做，我们就亏负了教会。

长老的薪酬

现在来讨论属灵领导很实际的问题。长老如何养活自己？有些人认为钱不重要，但我可不是其中之一。事实上，人只会在教会，而不会在其他任何地方这么说。圣经当然不是这么说的。

我们看提摩太前书五章 17～18 节：

>「那善于管理教会的长老，当以为配受加倍的敬奉；那劳苦传道教导人的，更当如此。因为经上说：『牛在场上踹谷的时候，不可笼住牠的嘴』；又说：『工人得工

价是应当的。』」

保罗很清楚是在讲给有长老职分的人金钱与物质上的报酬。在新约圣经，「敬奉」不仅是鞠躬作揖、颁发奖牌，也是指实际可得的物质。我们来看几个例子。保罗与同伴在米利大岛遭遇船难之后，有神迹事工出现，大家都非常感激：

> 「他们又多方地尊敬我们；到了开船的时候，也把我们所需用的送到船上。」（使徒行传二十八章10节）

显然他们是以可馈赠的物质「尊敬」他们。换句话说，他们把食物、衣服——一切物质与身体上所需要的东西——拿给保罗与他的同伴。你如果曾经在比较原始的社会服事，像是非洲某些国家，讲完道常会发现有人给你一只鸡、一些玉米、咖啡豆之类的东西。这就是「敬奉」，都是非常实际、必要的敬奉。在那种社会，这些是你可以养活自己的东西。

耶稣责备当时的宗教人士假冒为善时，也说出同样的字眼：

> 「神说：『当孝敬父母』；又说：『咒骂父母的，必治死他。』你们倒说：『无论何人对父母说：我所当奉给你的已经作了供献，他就可以不孝敬（译注：「孝敬」与「敬奉」在原文是同一个字）父母。』这就是你们借着遗传，废了神的诫命。」（马太福音十五章4~6节）

人本来就应当供养照顾父母，可是有些信仰的伪君子却说：「本来应该给你们的，我已经献给主了，所以你们没了。」这是他们的托辞。耶稣说：「你们这假冒为善的人！」但是请注意，耶稣讲到要以敬重的态度，在金钱与物质上供养父母。因此「孝敬」有金钱与物质上的意涵，但并非专指这方面，而是说孝敬包含了这方面。当保罗说：「那善于管理教会的长老，当以为配受加倍的敬奉」，因为「牛在场上踹谷的时候，不可笼住牠的嘴」以及「工人得工价是应当的」，他正是这个意思。

我刻意强调这一点，因为如果不在金钱上供应全时间服事的人，必定有损于神的工作。这绝对是拖累神工作的。

保罗在哥林多前书第九章也讨论了这个问题。请注意下面两节经文蕴含的原则。其实，读者应该把整章读完：

> 「有谁当兵自备粮饷呢？有谁栽葡萄园不吃园里的果子呢？有谁牧养牛羊不吃牛羊的奶呢？……主也是这样命定，叫传福音的靠着福音养生。」（第7、14节）

没有出外打仗的军人要自供薪资这回事，向来是由征召他来作战的支付。任何人拥有、照料葡萄园，就可以吃树上的果实。同样的，牧者不会杀自己的牲畜，但至少会取动物的奶养生。

如果以福音服事神子民的人投入这么多时间，就无法赚钱养活自己，所以应该由他所服事的人来支持。这是神所定的命令，也是普通常识。有些教会以没有受薪传道为荣，但我看到这种作法最后是损害了神仆人服事的效率。

如果一个人不是全时间的长老，就不需要全额薪酬。或者如果一个人有其他收入，经济可以自主，也就不需要全额补助。但是，如果他花很多时间教导神的话语，那要以薪酬来补偿。长老的薪酬应该以他的需求与所花的时间来决定。原则很清楚。

羊需要牧者

在本章结尾，容我提出有关长老极其重要的一点，那就是羊群需要牧者的原则。根据圣经的话，不论是旧约或新约，羊群没有牧人就会四散、迷失、彷徨、生病，成为野兽的猎物。这是颇为耐人寻味的事实：你可以丢下牛群，不用人照管；但是你不能丢下羊群，无人照管。

按照我对新约的理解，这关乎每个信徒的个人义务：你或是牧者，或是有个牧者。你或是行使牧者职分，或是受牧者事工照管。圣经没有让羊群没牧人的措施。然而今天放眼望去，看到成千上万的人没有牧者、不承认牧者、自己也不是牧者。结果就是四散、迷失、软弱、属灵生命不健康，成为骗子或假先知的猎物，因为他们专挑神的子民不受保护的时候吞噬他们。

在牧者事工的照管之下，应有委身的门徒。使徒行传十一章26节说：「门徒称为『基督徒』是从安提阿起首。」对我而言，这句话说得再确切不过。基督徒就是门徒。不是门徒的，不该称为基督徒。门徒是一个守纪律的人，英文可以看得出来（译注：门徒是disciple，纪律是discipline）。教会必须有纪律。一定要有治理的人，也要有被治理的人。属天的恩典需要两者共生。我有一个原则，那就是一个不愿受治理的人，永远没有资格治理。

讨论教会领导即将结束之际，我又想到另外让我难忘的一点：一个真正敬畏神的人，不会平白自己去作领袖。渴望地位名声是人之常情，但若不是神采取主动，擅自进入领导阶层是很危险的作法。

今天实有必要恢复圣经的领导模式，特别是像中国，福音兴旺、亟需工人的地方。因此，你若是领袖，应该以圣经的标准衡量自己。问自己下列问题：我是否行在神赐给我的角色的范畴与责任内？我顺服神吗？如果你是教会一员，问自己这些问题：我是否致力向神祷告，求祂兴起合祂心意的领袖？我是否求神帮助祂的领袖好好作为神的代表？

若是能做到这些，地方教会的领袖就能履行他们治理、教导、牧养神羊群的呼召。

第 2 3 章

定点性事工：执事

在任何地区，地方教会的成长与发展就好像人体从一个细胞发展。一个合宜发挥功能的教会有四个发展阶段：一、细胞小组；二、任命长老，之后门徒群体成为教会；三、任命执事；四、借着肢体或教会成员的服事完成各样事工。我们再更详尽地探讨这四个阶段：

1. 细胞小组是小型家庭聚会，可说是教会的胚体。

2. 经过交通、祷告、研读、传福音，细胞小组的领袖开始浮现。经过一段时间的验证，这些领袖就由使徒任命、按立为长老。这是第一次可以使用「教会」称呼信徒群体。

3. 为了使领导群更完整，必须要有执事。前面提过，执事负责教会的行政事宜。

4. 教会的每一成员都要发挥功能，在长老与执事的带领下，多少都可以参与服事或服务。这样的参与会不断成长，进行不辍。这样的分工最终应该广纳神赐给地方教会的所有恩赐与事工。至此，你就有了一个从细胞发展完整的身体。

任命执事

教会的领导组织相当简单：长老主掌属灵事务，执事主掌物质事务。执事的角色是服务。为了更认识执事的责任，我们再看看第一批执事是怎么任命的：

> 「那时，门徒增多，有说希利尼话的犹太人向希伯来人发怨言，因为在天天的供给上忽略了他们的寡妇。十二使徒叫众门徒来，对他们说：『我们撇下神的道去管理饭食，原是不合宜的。所以弟兄们，当从你们中间选出七个有好名声、被圣灵充满、智慧充足的人，我们就派他们管理这事。但我们要专心以祈祷、传道为事。』」（使徒行传六章1～4节）

教会遭到非常实际的难题：成长太快，使徒过于忙碌，所以需要帮手。信徒去找使徒说：「目前的状况不理想，我们的寡妇受到忽略。」使徒说：「好，我们会采取行动改善问题。」

我要指出新约教会的一个特色。信徒义不容辞担起照顾寡妇的责任。今天的问题在于政府取代了很多功能，以致教会不知道自己的责任。我认为教会有责任照顾寡妇、孤儿、穷人，而且采取某种方式付诸行动。

十二使徒召集会众，告诉他们找出七个名声良好的弟兄、满有圣灵与智慧，提名他们负起照顾的责任，如此使徒就能够祷告、传讲神的话语，因为他们是为此职分特别受召。他们需要其他同工好好打理生活所需的金钱、食物、衣服，或其他的必需品。

长老要专心祈祷传道，但并不表示执事不重要。事实上，圣经说他们必须有好名声、满有圣灵与智慧，才能够履行职责。

> 「大众都喜悦这话，就拣选了司提反，乃是大有信心、圣灵充满的人，又拣选腓利、伯罗哥罗、尼迦挪、提门、巴米拿，并进犹太教的安提阿人尼哥拉。」（使徒行传六章5节）

七个人被选为首批执事。我们再次看到，地方教会一定是由多人领导。请注意，会众按着选择敬虔人作领袖的指示，选出执事。这是很实际的作法。如果由使徒选执事，会众可能会说：「你们把人放在那个位置上，好让他们做你们想要他们做的事。」所以使徒说：「你们来选，再由我们认可，然后把责任交待给他们。」这么做，就不会有人对这项任务的人选议论纷纷了。

神指派vs.人指派

很多教会单单以会众投票来选牧师、执事，以及其他职分的同工，这其实并不符合圣经。任命应该来自于神。耶稣对祂的使徒说：「不是你们拣选了我，是我拣选了你们。」（约翰福音十五章16节）我相信教会中每一项正当的功能、事工、任命，都是出于神。不是人作选择，而是神，因为耶稣基督是教会——祂的身体——一切事物的元首。再者，如果不是神把职分给人，任命就没有其功效。我们只要单单发掘并确认神拣选人作什么职分就好。

这里有个实例说明上面的论点：开会讨论或投票执事人选，目标不应该是决定你们要谁作执事，好像这是什么人气大赛。目标应该是决定神拣选谁作执事。这两种态度相当不一样。会众可以提出他们认为神呼召服事的人选，然后长老作最后确认、任命，并且应该公开按手，立他们为教会的执事。

> 「叫他们站在使徒面前。使徒祷告了，就按手在他们头上[作为认可的印记，表示他们被分别出来做执事事工]。」（使徒行传六章6节）

如前所见，按手不只是形式而已。当使徒由圣灵带领，为第一批执事按手、祷告，就有属灵的权柄与能力散发出来，在更宽广的事工中开花结果。为执事按手的动作有三个目的：

1. 使徒公开承认这些人有资格担任执事。
2. 他们公开将这些信徒交给神，履行神拣选他们完成的使命。
3. 他们将自己的属灵恩典与智慧传递给这些人，用以执行任务。

执事的仆人职分

我与妻子路得去巴基斯坦时，被移民局询问。有名官员问我:「你是做什么的?」我想说,这是伊斯兰教国家,需要谨慎小心。后来我就说:「我是minister。」我觉得这是个比较安全的字眼,很多人并不知道它也有牧师的意思。结果,以后我无论去哪里,都受到贵宾级的礼遇,诸如不必排队等等。我这才发觉,他们一定以为我是美国政府的什么部长!(译注:minister可作「部长」或「牧师」)

今天的教会也是这种情况。我们已经离minister这个字的原意「仆人」太远。我常在想,有些教会如果了解执事的希腊文也有「仆人」的意思,会有怎样的改变。在一些教会,执事会有很大的权柄。如果他们被称为仆人会,会是什么状况呢?

如果你是执事,你就是主的仆人,也是主的子民的仆人。执事要在牧师与长老之下服事。如果由执事会来治理教会,是不合圣经的,因为如此就把物质置于属灵之上了。现今是掌管财务的人作最后决定。尽管你可能非常属灵,但实际情况就是如此。所以,我的意见是长老必须掌管财务,执事应该照着长老的指示去做。

执事的资格

「执事只要作一个妇人的丈夫,好好管理儿女和自己的家。因为善作执事的,自己就得到美好的地步,并且在基督耶稣里的真道上大有胆量。」(提摩太前书三章12~13节)

一如长老，执事首先也要被验证。在新约圣经，如果没有在生活领域内彻底被检验，没有人可以在教会担任职分。有些人在世俗职业上做不好，然后才投身属灵事工，结果还是失败。

我全时间服事已经五十年有余，看过无数人受召全时间服事主：宣教士、牧师、布道者、青年领袖等等。这么多年，我不记得看过神在属灵领域中提拔一个在属世的事上一败涂地的人。我这一辈子从没看过在世俗中混不下去的人，受到神呼召进入属灵事工。这有违祂的基本原则。我看过很多这种人想要成功，但却把事情弄得乱七八糟。执事人选不一定要有自己的事业，但是应该要在属世领域上有能力把事情做好。他们应该以世俗的工作经验或是教育，好好在钱财上管理有成。

执事的擢升

作执事不只是督导慈善工作，也有与长老分担工作的责任，因此往往成为作属灵领袖的预备。就像腓利的例子，他后来也作了布道者。一个人如果在执事的工作上胜任有余，就有资格在属灵上被擢升。

大多数人不了解，属灵的职分有成长与擢升。如果你从执事的位置开始，那么请记住，这可能是投入另一事工的踏板。其实，你若不从仆人开始，大概就会失去擢升的机会，因为神只提拔那些从梯子最底端开始的人。属灵领袖不是一个凭空而降、已经完全塑造好、不用经过犯错、考验过程的人。属灵的恩赐不是这样，而属灵的职分也不是这样，必定要有犯错，以及从错误中学习的过程。新约圣经里的神子民如此，今天的教会也照样如此。

第 24 章

地方教会的日常生活

多年前，我惊觉自己单单教导带领人进入基督徒生活的启蒙经历，之后却没有引导、指示他们，如何活出基督徒生命。所以我在本章要描绘真正的地方教会生活型态——不是结构、行政、头衔，而是教会的生活型态。换句话说，我们要来思考「真实教会生活的一天」是什么情景。加入教会的三个启蒙经验

加入教会的三个启蒙经验

首先，要看看进入地方教会、进入基督徒生活的三个入门经验，然后再讨论生活本身。

使徒行传第二章对启蒙经验，与持续的教会生活，有着最清楚的记载：

「众人听见这话，觉得扎心，就对彼得和其余的使徒说：『弟兄们，我们当怎样行？』彼得说：『你们各人要悔改，奉耶稣基督的名受洗，叫你们的罪得赦，就

必领受所赐的圣灵。』」（第37～38节）

这是个很完整的答案，呈现出新约中共同的救赎经验，我称之为「配套方案」：悔改、受洗、领受圣灵。据我对圣经的理解，如果得到这三样，就拥有全备的救赎。我相信神对「我们当怎样行？」的心意与答案，从五旬节那天起，没有丝毫更改。

一、悔改

圣经的语气很强：我们必须要悔改。使徒行传二章38节的希腊文时态意味这件事是「仅一次，不再重复」。新约圣经没有持续悔改的教导。一个生活正当的人，不应该持续悔改；一个真正悔改的人，不应该继续犯罪！这个字在希腊文里非常斩钉截铁：悔改。改变你的心意，停止做错的事，开始做对的事。脱离魔鬼，转向神。这些全包括在悔改里面。悔改不是情感，而是一个决定。

二、受洗

第二件事是受洗：「奉耶稣基督的名受洗，叫你们的罪得赦。」在早期教会，受洗是正式认定这个人已经相信耶稣基督，而且罪得赦免。受洗不是赦免的必要条件，而是代表这个人已经领受了赦罪之恩，也受到教会领袖的认定。扼要来说，受洗是人认定另一个人有资格成为耶稣基督教会的一员。

我先前说过，使徒行传中人都是信主后几小时内就受洗。使徒行传第八章，太监在往加萨的路上看到路边有水塘，就说：「看哪，这里有水，我[现在]受洗有什么妨碍呢？」（第36节）使徒行传十六章29～33节，腓立比的禁卒半夜得救，黎明前就受了洗。也请注意使徒行传第二章刚信主的人有什么反应：

「于是领受他话的人就受了洗。那一天，门徒约添了三千人。」（第41节）

钦定本的翻译是「那些欢喜领受他话的人就受了洗」。我的看法是，没有受洗的人可能领受了神的话语，却没有欢喜领受。那些欢喜领受的人则受了洗。

三、领受圣灵

受圣灵的洗是神认定一个人属于祂。由此来看，灵洗是由身体之首耶稣基督给予的超自然印记，认定这人是祂身体中的一员。保罗说：「你们既听见真理的道，就是那叫你们得救的福音，也信了基督，既然信祂，就受了所应许的圣灵为印记。」(以弗所书一章13节)

这两种认定都应该在基督徒生命一开始就出现。一个人应该借着水的洗礼被教会认定，然后借着圣灵的洗被教会的元首认定。

四个持续的行动

那么，这三重启蒙经历带领新的信徒进入什么境地呢？在使徒行传第二章，我们看到新约圣经对于基督徒每日生活的宣告：

「都恒心遵守使徒的教训，彼此交接，擘饼，祈祷。」

（使徒行传二章42节）

以下是新约基督徒生活的四个基本行动：

行动一：教导

首先是教训，指的是教导与受教导的过程。人归向基督、受了水与圣灵的洗之后，首要之务是按时接受有权柄的圣经教导。以弗所书六章17节说「拿着圣灵的宝剑，就是神的道」。紧接之后的指示，是「靠着圣灵，随时多方祷告祈求」（第18节）。进入属灵的生活以先，你必须要抓紧神的话语。这是神所定的次序，因为你一旦受了圣灵的洗，就可能遭遇各种问题、试探、困难。这也正是耶稣领受圣灵之后的经历。当耶稣被魔鬼试探，祂只用了一样武器对付敌人，就是以「经上记着说……经上记着说……经上说」（参考路加福音四章1～13节）来响应每一个试探。祂使用圣灵的宝剑，也就是神的话语。一个人受了圣灵的洗，亟需对神的话语有扎实、透彻、实际的认识，而耶稣就是最好的榜样。

耶稣复活以后，向五百余人显现（参考哥林多前书十五章6节）。祂升天以后，却只剩下一百二十人在楼房祷告（参考使徒行传一章15节）。显然有三百八十人没有听祂的话，在耶路撒冷等候，直到他们领受从上面来的能力。当时，耶稣的门徒数目从人的标准来看实在不怎么样，然而当圣灵降临，一天之内竟然增加了三千人！

门徒在楼房有什么作用？他们为五旬节那天加入教会的

人，提供了实时需要的教导与权柄。如果没有使徒在场教导，圣灵那天降临，一定是一团混乱。

这不是纯理论，我们在非洲宣教的时候亲眼目睹。神的灵大大浇灌，主要在贵格会会友，有好几百人领受了圣灵的洗。有人真真确确因为说方言而坐牢，而且竟然是美国贵格会的宣教士说动英国官方人员，只因为这些卑微的非洲人民说方言而囚禁他们！没有扎实的教导，很多人就会犯下荒谬的错误，或落入极端狂热，因为没有具节制、纪律、指导性的力量。五旬节那天若是没有系统、务实的圣经教导，很可能会是灾难一场！

> 「感谢神！因为你们从前虽然作罪的奴仆，现今却从心里顺服了所传给你们道理的模范。」（罗马书六章17节）

「模范」一字的希腊文，生出英文type（模式）这个字，指的是制造某种形状或样式的模子。我不是这方面的专家，但不管是铸造金工，或在家做果冻，过程是很清楚的。首先，必须要有让材料可以被模塑的状态（热度）。第二，必须要有制造正确形状的模子。属灵上而言，救恩带来使人愿意接受新属灵模式的「热度」。模子的形状决定最终的样式，而模子就是圣经教导。

今天有些人没受过塑造，最后落得像厨房桌子上的一团糟，只给人留下模糊的印记与经历。也有人因为模型错误，结果就是形状错误。要纠正这种人几乎不可能，因为他们的生命根本就塑造得不正确。但是教导的塑造功用非常惊人。几个礼拜扎实的圣经教导能产生极奇妙的改变，带出经得起任何考验的品格与生活态度。

论到神的子民落在无人教导的悲惨景况，以赛亚说：

「所以，我的百姓因无知就被掳去；他们的尊贵人甚是饥饿，群众极其干渴。」(以赛亚书五章13节)

今天很多神的子民被掳，因为他们没有属神的知识。看到「他们的尊贵人甚是饥饿」让我难以释怀。甚至连他们的神学家与领袖也没什么好给的，因此众多人干渴。我们在何西阿书看到类似的写照：

「我的民因无知识而灭亡。你弃掉知识，我也必弃掉你，使你不再给我作祭司。你既忘了你神的律法，我也必忘记你的儿女。」(何西阿书四章6节)

请注意，神对祭司的要求是他既然身担此职，就应该认识、并且能够教导神的律法。事实上，玛拉基将此定为祭司的责任：

「祭司的嘴里当存知识，人也当由他口中寻求律法，因为他是万军之耶和华的使者。」(玛拉基书二章7节)

神弃绝何西阿时代的祭司，因为他们弃绝了神话语的知识。今天也同样如此。一个人可以作天主教的神父或是更正教的传道人，却弃绝神话语的知识。在神的眼中，他们根本就没有完成任何祭司的职务。

何西阿的这句话很可悲，却是实情：「你既忘了你神的律法，我也必忘记你的儿女。」今天在美国，我们看到孩子忘记神，因为他们的父母已经忘记了神的律法，没有以神的教导来教养他们。这正应验了神的审判。

行动二：团契

第二个基本行动是团契。我们必须要明白，团契实际上是福音的终极目标。先前讨论地方教会的核心目标，已经提过这一点。

> 神是信实的；祂呼召你们，使你们跟祂的儿子——我们的主耶稣基督有了团契。」（哥林多前书一章9节，现代中文译本）

在希腊原文，「呼召」后面有一介词「进入」，表示有个目的地。团契不是达到目标的途径；团契就是目标。与神、与祂的子民有团契，是我们努力迈进的方向！在次序上甚至优先于祷告。有很多人不知道教会要做什么。保罗说：

> 「我指望快到你那里去，所以先将这些事写给你。倘若我耽延日久，你也可以知道在神的家中当怎样行。这家就是永生神的教会，真理的柱石和根基。」（提摩太前书三章14～15节）

保罗为什么写信给提摩太？是要让提摩太知道如何在神的家中进退应对。保罗又说，永生神的教会是「真理的柱石和根基」。教会应该是什么光景，对提摩太并不是个谜。然而，今天有些教会却不清楚自己为什么而存在，而且根本没有团契！你不可能对着某个人的后脑勺和他相互交流！

我记得有次在一间很不错的教会讲道。崇拜结束时，牧师说：「各位先不要急着回家，请留下来彼此团契，至少跟六个人握手。」我无声祷告说：「神啊，这就是你的子民赖以维生的团契？回家前跟六个人握手？」

我再说，很多基督徒甚至不知道，团契是福音的终极目标。我们有宗教仪式、计划、活动。这些都是途径，但是能够带我们达到心目中的目标吗？

早期教会很快便在两个范畴或场所活出团契生活。团契需要场所。早期教会有大场所，也有小场所。前者是圣殿，犹太人全国性、有组织的敬拜场所。后者就是在整本新约明显可看见的：信徒的家庭。

> 「他们天天同心合意恒切地在殿里，且在家中擘饼，存着欢喜、诚实的心用饭。」（使徒行传二章46节）

请注意，他们每天都在圣殿，而且在家里一起吃饭。这里的擘饼不一定是领受圣餐，虽然也可能包括圣餐。意思是他们每天在彼此家中一同吃饭，这实在难得。

> 「他们就每日在殿里、在家里不住地教训人，传耶稣是

基督。」（使徒行传五章42节）

我们再次看到他们每天的团契集中于圣殿与家中的聚会。第一批基督徒有段时间还是继续到组织性的敬拜场所，但是有两个条件：不妥协自己的见证，而且个人属灵生命成长不倚赖制式组织。我觉得这对今天的我们特别重要。

很多基督徒觉得神带领他们参加属灵上不能喂养或支持他们的教会。他们如果不妥协自己的见证，可以这么做。第二，他们不能单单倚赖大型的制式化聚会，得到属灵养分。这些早期基督徒当然没有，他们是在家中活出完全不同的生活与团契。

我们要记住「团契」的希腊文其实有「一同分享」的意思。早期在耶稣撒冷的信徒，以非常亲密的分享方式流露出团契关系。主要的分别是我们今天所共享的是主耶稣基督，但早期基督徒可说是分享所有的东西。

「信的人都在一处，凡物公用，并且卖了田产、家业，照各人所需用的分给各人。」（使徒行传二章44～45节）

「内中也没有一个缺乏的；因为人人将田产房屋都卖了，把所卖的价银拿来，放在使徒脚前，照各人所需用的，分给各人。」（使徒行传四章34～35节）

早期基督徒觉得不仅有义务照顾信徒的属灵需求，也要照顾身体、物质、金钱的需求。耶路撒冷的情况很独特，因为我们没有读到所有城市的基督徒都变卖自己的财产。这应该是圣灵的智慧与启示，因为不到一个世代的时间，耶路撒冷就被罗马军队摧毁，犹太人也不能在城内任何地区拥有土地。

所以圣灵在紧急的时候，或许催逼我们变卖所有，与大家分享，然而这却不是一个适用所有状况的普世模式。毫无疑问，真正的基督徒会与主内信徒在所有状况、所有需求中共享所有。奇妙的见证是，在他们中间无人缺乏。我不知道今天是否可以这么形容所有的信徒，如果我们要像新约信徒一样彼此分享，我想也是有可能的。

有关团契我所发现的另外一点，就是团契是属灵生命诞生的地方。如耶稣所说：

「从肉身生的就是肉身；从灵生的就是灵。」（约翰福音三章6节）

耶稣是在讲两种不同的出生：由肉体所生，就产生肉体；由灵所生，就产生灵。即使如此，现代基督教很多方面都是从肉体所生，而肉体所能产生的也只不过是肉体。只有灵生的，才有灵的生命在其中。

我们如果没有团契，就不会有属灵生命的诞生。我们一再忽视团契，因此无从产生真正的属灵事物。我们开始一个计划，设计一个内容，或是成立委员会，但结果是肉体生肉体。计划或是内容与生命不一样。神正在操练很多人，让他们重回真正的团契关系，可以有属灵生命的诞生。

我们来看一个团契造成属灵生命诞生的突出例子：

「这些人同着几个妇人和耶稣的母亲马里亚，并耶稣的弟兄，都同心合意地恒切祷告。」（使徒行传一章14节）

信徒在一个空间有限的地方，以祷告与祈求亲密相交，有十天之久。这可真是深入彻底的经验。我的妻子利迪亚给团契如此下定义：「你们都在同一艘船上，也不能下船。」如果能随意罢休或掉头离开，那就不是团契了。团契所要求的是对别人委身。这是你要受考验的地方：

其实，圣经将团契比作光：

「但是，如果我们生活在光明中，正如神在光明中，我们就彼此有团契，而祂的儿子耶稣的血洗净我们一切的罪。」（约翰一书一章7节，现代中文译本）

如果罪与黑暗进入人的生命，第一个明显的结果就是从团契相交中退缩。我由经验得知，活在团契的光中是备受考验的经历。我多年前在牙买加带领圣经训练课程。有个姊妹到了第三天就飞回家，即使她已经付了所有上课的费用。四十五名领受圣灵洗礼的人同聚一堂，使得这个宝贝的灵魂无法忍受。经过一次赶鬼聚会，有另一姊妹说：「如果我会游泳，我会立刻离开这个岛！我简直受不了围绕在我四周的压力。」这就是团契的压力。没有人对她讲大道理或是与她辩论，但是强烈的团契经历会产生非常大的压力，你或是经受火的考验，或是退出！我看到有很多基督徒无法忍受持续的团契产生的火与光。不过，在真正的团契中，「你们同舟共济，所以不可以下船」！

想想十天在楼房持续的祷告与祈求，会是什么样的情景。我想人生命的每一丝经纬都会受到考验，因为那些使徒并非彼此总是意见一致。然后在使徒行传二章1节达到最高峰：

> 「五旬节到了，门徒都聚集在一处。」

发生了什么事？有属灵生命的诞生。一百二十人连续十天的祷告，生出了耶稣基督的教会。在使徒行传十三章1～2节，我们看见另一个例子，以团契作为神成就目的的「产房」：

> 「在安提阿的教会中，有几位先知和教师，就是巴拿巴和……西面……路求，与……马念，并扫罗。他们事奉主、禁食的时候，圣灵说：『要为我分派巴拿巴和扫罗，去做我召他们所做的工。』」

从这五个人禁食祷告等候神的团契，生出了我们所说的「海外宣教」。这是教会第一次特别差派人，将福音带给尚未接受的人。在此以前，是因为逼迫或偶然的机会才有宣教的行动。保罗的第一次宣教旅程确实是从团契与祷告，而不是从委员会生成的。团契是最重要的因素。如果我们希望属灵生命诞生，就必须留在有属灵生命诞生的地方。我何等渴望看见真正的属灵生命诞生，而不是披着属灵外套的肉体！不过，我在很多地方作过宣教士，知道对肉体而言，坐着参加十五个宣道委员会，远比一天的团契来得容易。我作宣教士，是我参加会议最多的时候。

我曾对一起在非洲宣教的同工说：「我们只是从一个危机脱身，然后落入另一个危机里面。」有一天，我们又在开会解决一些解决不了的事。从黎明开始，一直开下去。这段时间，宣教士的子女在办公室外面造反、惹麻烦。差不多下午的时候，我的妻子利迪亚对大家说：「你们继续开会吧，我们去跟孩子们聚会。」所以，我们就去带孩子们聚会！结果，两个问题最大的孩子受了圣灵的洗，其中一个成了全时间传道人。这简直就是一场革命。我们把自己当作非洲的拯救者，而事实上，却连自己的孩子都管不好，忽略了在真实团契中一起等待神的基本要素。委员会永远产生不出团契所产生的果子。

行动三：一起用餐

团契的最基本方式其实很简单：就是一起吃饭。太简单了，以至于常被忽略。使徒行传第八章，保罗在特罗亚住了七天，我们看见一起吃饭的画面：

> 「七日的第一日，我们聚会擘饼的时候，保罗因为要次日起行，就与他们讲论，直讲到半夜。」（使徒行传二十章7节）

这里的措词表示他们一起吃饭是很平常的事。他们在家中围绕桌前，赞美、祷告、分享神的话。

当神开我的眼，让我看到一起吃饭是团契的行动，我才惊讶地注意到，使徒行传竟然有这么多一起吃饭的记载。身为五旬节派信徒，我过去一直认为食物是不属灵的东西，而一起吃饭是属肉体的教会的表现。我曾经听过有牧师说：「他们从楼房到了餐房。」没错，他们的确是从楼房到了餐房，而且也继续一同吃饭。这是一件值得注意的事。

常常一起吃饭，有很深的含义。我们在非洲发现了这个事实。在那里，理论上黑白之间应该没有隔阂，但双方之间有很深的分歧，让我与妻子感到忧心。于是我们决定邀请非洲人在我们家聚会，这在当时来说是一种革命性的行动。

革命性原因之一，是那时有很多非洲人不知道如何使用刀叉，所以如果有人在你家，坐在你旁边为着怎么用刀叉弄得一身汗，这的确很尴尬。但是这些人实在很可爱，他们说：「请别担心，我们不会，但是你们可以教我们。我们想要知道。」我们发现，这样的团契改变了双方的整个关系。

后来，我们一星期两次到学生餐厅与他们一起吃饭。我们不是太喜欢那里的食物，但是双方却有了崭新的关系。这非常符合圣经。而且根据东方习俗，你跟一个人吃饭，就表示与他有交情，不能背叛他。这就好像立约一样，你如果接受别人款待，他就有恩于你。只有那些无耻之辈才会辜负这种盛情。犹大的罪状之一就是与耶稣一同吃饼，然后出卖了祂。诗篇对犹大卖主发出惊人的预言：

「连我知己的朋友，我所倚靠、吃过我饭的也用脚踢

我。」（诗篇四十一篇9节）

在约翰福音十三章18节，犹大离开去出卖耶稣不久，耶稣自己提到这节经文：「我这话不是指着你们众人说的，我知道我所拣选的是谁。现在要应验经上的话，说：『同我吃饭的人用脚踢我。』」这是叛离与变节的极致：与人一起吃饭，然后再出卖他。神要人聚集在桌前团契的目的，是要我们借着外在行动表述对彼此的忠实。我们不会跟一个人吃饭，说：「弟兄，神祝福你」，然后出去在邻舍之间讲他的闲话。这么做就跟犹大一样，虽然程度上有很大差异。

我想一起吃饭也包括圣餐。其实，圣餐的根源就是逾越节的聚餐，原本就是享用食物、深入团契的场合。当我们领受主餐，就是与耶稣以及与每一个参与的人更新所立的约，再次誓言要对主忠诚、彼此忠诚。不按理领受圣餐的人将受到严厉的惩罚，因为这是立约之餐（参考哥林多前书十一章27～32节）。出卖一起吃饭的人，然后领受圣餐，是相当危险的举动。这无异于当面看一个人，等他转身便刺他一刀。按照圣经标准，这种行为便是被看为如此。

我们看见保罗关切这种一起吃饭的团契要行得正确：

> 「你们聚会的时候，算不得吃主的晚餐；因为吃的时候，各人先吃自己的饭，甚至这个饥饿，那个酒醉。」（哥林多前书十一章20～21节）

哥林多教会满有热心，但有时观察力迟钝。例如他们中间有极其败德的事发生，却依然满足于神的祝福（参考哥林多前书五章1～2节）。而且他们有个很奇怪的作法：大家各带自己的食物，有人先吃，有人却饿肚子；有人喝太多酒，有人却什么也喝不到。

这些经文即证明哥林多教会常常一起吃饭。他们虽然做得不正确，但至少聚集在一起。这是很自然的团契形式。保罗没有批评他们的团契，不过他不会认同酒醉这个行径。他是说：「不要以为这形式本身就是领受主餐。」让我们围绕桌前彼此团契，像个教会大家庭一样，一起吃饭、彼此交流吧。

这与坐在礼拜堂长椅上然后称之为团契是完全不同的写照。你不可能与人一起吃饭后，对他们还保持原有的态度。一起吃饭会改变你、改变他们，改变你们的关系，也改变整个氛围。想想使徒行传这一章圣经为我们描绘的「最后成果」：

> 「他们天天同心合意恒切地在殿里，且在家中擘饼，存着欢喜、诚实的心用饭，赞美神，得众民的喜爱。主将得救的人天天加给他们。」（使徒行传二章46～47节）

此处的教会写照是行在得胜里、活在圣灵与完全的团契中。在什么地方最有果效？在他们的家中。每一个餐桌都成了团契、祷告、赞美的地方。非信徒没有在圣殿看到他们，因为非信徒不去圣殿。他们是在信徒家中看到信徒，而他们看到的情景，使得他们想要拥有这些信徒的团契。

今天，很多人的家并不快乐。一个家庭若幸福，每个人都能和乐相处并且赞美神，必定很令人注意！大家会问：「这里怎么了？」如果你只在教会展示自己的家当，大部分非信徒永远不看到。马太福音五章15～16节，耶稣说不要把光藏在斗底下，而今天我们所藏最大的斗，就是教会的屋顶！

行动四：祷告

第四，地方教会的第一个需要是教导，但最主要的外展行动却是祷告。会众受到合宜的教导之后，信徒奉主耶稣基督的名聚集，祷告事工就会自然浮现。

> 「我劝你，第一要为万人恳求、祷告、代求、祝谢。」
> （提摩太前书二章1节）

保罗指示提摩太应该如何带领地方教会事务，他说：「第一……」地方会众的首要事工是祈求、祷告、代求、感谢。神期望教会成为祷告的中心，如同发电厂将有效的代祷传送到世界各地。教会若是实现这个功能，与世界的关系就会不一样。如果你为人祷告充足，他们会感受到你生命里有些东西，致使他们对你有响应。如果你服事他们却没有祷告，他们对你的态度会极其不一样。

> 「我必领他们到我的圣山，使他们在祷告我的殿中喜乐。他们的燔祭和平安祭，在我坛上必蒙悦纳，因我的殿必称为万民祷告的殿。」（以赛亚书五十六章7节）

神的家要被称为「万民祷告的殿」。祂的子民在祷告的殿中欢喜，这个喜乐可以经得起苦难的考验。基督徒所经历的喜乐也可能经不起考验，但是当我们在祷告的殿让神使我们欢喜，就真正得以坚立。

我以前加入教会二十五年，却对神的事情茫然无知。得救之后，我最喜欢，也不愿错过的就是祷告会。这完全有违于我的天性。我记得还没信主的时候，有次听到有些人去参加祷告会。我那时从没有参加过，也不知道什么是祷告会。等我了解他们是要用一个小时去祷告，我自忖道：「人怎么会想到要祷告一个小时？」我得救、受圣灵的洗之后，很快就明白人可以祷告很久。我必须说，神在祂的祷告殿中使我喜乐。

再回到提摩太前书第二章，祷告的第一个具体对象是「为君王和一切在位的」（第2节）。地方教会的第一祷告事项是为政治领袖，而不是为牧师、宣教士，或是病人。我问过一些教会的会友：「在座有多少人在上个礼拜中，为政府首长与政事至少特别祷告过一次？」通常，很少有到达百分之二十的人有回应。我们错过了第一优先级。

我已故的挚友巴思涵（Don Basham），第一次在澳洲听到我讲道时问他们：「在座有多少人常常为女皇与英联邦祷告？」一百五十多人当中，只有五个人怯怯地举起手，而巴思涵并不是其中一个！一年以后，他又听我讲道，之后对我说：「弟兄啊，你不会再抓到我的小辫子了。我被抓过一次，绝不会有第二次。现在我们家每天都为统治者祷告。」

他掌握到信息了，而这是大部分自称为基督徒的人，依然有的一个重大缺失。他们不断地批评，却很少为他们批评的领袖祷告。我常常告诉人：「你如果花时间祷告而不是批评，你就不会有那么多可以批评了。」其实，你所批评的人可能在工作上，远比你在自己的工作上尽忠职守。如果我们的领导人执掌国家政事，没有比基督徒为他们祷告更认真的话，我们早就陷入混乱中。

罗马书十三章1节干脆说：「凡掌权的都是神所命的。」世俗的权柄也是神所定的，但我们的份内事则是借着祷告，让世俗权柄能按着神的心意而行。因着神的怜悯与供应，我们有世俗执政与掌权者，否则就会大乱、脱序。我们的责任是为政府祷告。

我要在这里说，祷告不是要神照着你的想法去做。祷告是进入一个境地，你知道神要做你祈求祂做的事。到了这种有信心的地步，告诉祂你的想望已经是小事一桩。

让我们注意祷告与团契的关系：

> 「我又告诉你们，若是你们中间有两个人在地上同心合意地求什么事，我在天上的父必为他们成全。因为无论在哪里，有两三个人奉我的名聚会，那里就有我在他们中间。」（马太福音十八章19～20节）

只要有圣灵带领的两三个人，围绕基督同聚，主就承诺与他们同在。有效的集体祷告基本条件在于和谐。「同心合意」这个希腊文是sumphano，英文symphony（交响乐）即源于此，意思是「融和无间」。如果两个人融和，他们的祷告就无可抗拒。

魔鬼一点也不怕祷告会，因为多数的祷告连天花板也没穿透！神根本没有听他们祷告，因为祂对于垂听祷告，有严谨的条件。魔鬼怕的是两人和谐无间。但是请记住，几乎和谐，不等于和谐。没有什么比两个仅接近和谐的乐器或声音更刺耳。当我们和谐无间，并且合乎其他祷告的要求，就实现了教会生活的一个基本要素。没有祷告，我们就不足以领受神为教会所预备的一切美事。

第 25 章

集体聚会

新约圣经认同信徒在家中按时团契，但从未容许我们单单满足于此，而是鼓励教会聚会。我在本章要描述一个地区信徒齐聚的八个目的。下列几点可以说是总括并说明了本书一直所讨论有关教会的原则与真理，以及应用于今天生活的方法。

信徒聚集的目的

1.彼此造就

「弟兄们，这却怎么样呢？你们聚会的时候，各人或有诗歌，或有教训，或有启示，或有方言，或有翻出来的话，凡事都当造就人。」（哥林多前书十四章26节）

如保罗所说，聚集的目的是要所有的信徒借着祷告、敬拜、行使特别的恩赐与事工来彼此造就。聚集完全是为了互相造就。每次与其他信徒相聚，想象自己是在「尽责任」鼓励他们。你要从自己的属灵恩赐，以及目前的灵修生活中支取能力，帮助别人在灵性上建造自己。

2. 领受主餐

第二个目的我们才讨论过，就是信徒一起吃饭、领受主餐。这必须是集体合一，而不是讲求一己之私的时候。

> 「你们要吃喝，难道没有家吗？还是藐视神的教会，叫那没有的羞愧呢？我向你们可怎么说呢？可因此称赞你们吗？我不称赞！我当日传给你们的，原是从主领受的，就是主耶稣被卖的那一夜，拿起饼来……所以我弟兄们，你们聚会吃的时候，要彼此等待。」（哥林多前书十一章22～23、33节）

在这里可以看到每个人都很重要。我们都知道晚餐迟到，发现大家已经开始的那种感觉。如果每个人都在等我们到达再一起吃饭，会让我们感到备受尊重。甚至几千人聚集，也要保持这种心态。保罗是说：「等等！等每一位弟兄姊妹到齐再吃饭。如果没有到齐，我们怎能安心享用呢？」

保罗说的是个大聚会，在家中容纳不下，因为他说：「你们要吃喝，难道没有家吗？」在这里看到的是信徒一起吃饭，并领受主餐，为的是彼此坚定、造就基督的整个身体。

3. 接受机动性事工的教导

在使徒行传第二十一章，保罗拜访多年未去的耶路撒冷，雅各与其他耶路撒冷的弟兄说：「我们一定要办个聚会，请你教导整个会众。」

> 「他们听见，就归荣耀与神，对保罗说：『兄台，你看犹太人中信主的有多少万，并且都为律法热心。他们听见人说，你教训一切在外邦的犹太人离弃摩西，对他们说，不要给孩子行割礼，也不要遵行条规。众人必听见你来了，这可怎么办呢？』」（第 20～22 节）

圣灵引导机动性事工借着保罗来到耶路撒冷，而耶路撒冷的全体教会领受使徒事工的好处。

地方教会的领袖有责任召聚整个教会，让他们有机会得听机动性事工的教导。当一个城市的领袖邀请机动事工的使徒、先知、布道者、教师，他们在集体聚会中就有一席之地。而且很显然，这些事工带给教会聚会极大的影响，因此我们需要他们的属灵教导与激励。

4. 听听机动性事工的第一手报告

我们看到保罗对他的「差派教会」安提阿作出下列报告：

> 「从那里坐船，往安提阿去。当初，他们被众人所托、蒙神之恩，要办现在所做之工，就是在这地方。到了

那里，聚集了会众，就述说神藉他们所行的一切事，并神怎样为外邦人开了信道的门。」（使徒行传十四章26～27节）

想想看，至少有一万五千人，两三年没看到保罗的聚会是什么情景！

如前所见，当地方教会差派人出去，受差的人要对会众有交待。甚至身为使徒的保罗与巴拿巴也要报告他们的服事。地方教会能与普世宣教有连结，是非常关键，也是令人兴奋的事。大使命必须成为每一会友日常生活与认知的一部分。

5. 朗读机动性事工的来信

保罗与其他使徒常常无法亲身到一个城市，但是会写引导、指示的信，给有需要的城市教会会众。早期基督徒半数以上是文盲，自己无法写信或看信。那如何与他们沟通呢？信是全体会众聚集的焦点。地方领袖召聚信徒齐集一堂，慢慢把信读给他们听。毫无疑问，他们会读两三遍。会众也有机会说：「这我听不懂，请再读一次。那是什么意思？」

有时，信件在不同城市的教会中传阅。保罗写给歌罗西教会说：

「你们念了这书信，便交给老底嘉的教会，叫他们也念；你们也要念从老底嘉来的书信。」（歌罗西书四章16节）

歌罗西与老底嘉是邻近城市，也面临类似的问题。保罗不想只给一间教会建言或劝勉，所以他说：「等信到了歌罗西，要在你们当中阅读，读完以后，送到老底嘉教会，让他们也读。」保罗深信，各城市的信徒群体都会齐聚一堂，聆听他写给他们的信。

至此，我们看到新约教会会众聚集的写照。这是一个彼此造就、共同用餐的一个聚会，也会有机动性事工的工作、报告，或是指示（甚至可藉由书信）。这种聚会还有另外三个目的。

6.解决教义与实务的争论

他们聚集有个重要原因，就是解决教义与实务的争论。今天何等需要处理未解决的教义争论啊！

使徒行传第十五章整个篇幅在讨论，外邦人应该做什么，才能够被认定为基督徒。有些信主的法利赛人说：「他们必须要归化，进入摩西律法之下受割礼。如果他们遵守律法，我们就承认他们对弥赛亚的信仰。」保罗与巴拿巴却说：「不一定非得如此。」所以使徒与长老，然后整个教会聚集，思考、解决这个问题。

> 「当时，使徒、长老和全教会都认为好，就从他们中间选出人来，差他们和保罗、巴拿巴一同到安提阿去，所选的就是别号巴撒巴的犹大和西拉，他们是弟兄中的领袖。」（使徒行传十五章22节，新译本）

整个会众聚集，有了结论后，就派巴拿巴与保罗与讨论的那些信徒沟通。他们讨论出四个基本行为规则，而不是复杂无比的摩西律法：不吃偶像玷污的东西、勒死的动物、血，也不淫乱。归向主耶稣的外邦人，只要遵守这些摩西律法就够了。我认为真正的属灵一定会化繁为简，而不是化简为繁。我们再来读这些美丽的经文：

> 「所以，我们同心定意……因为圣灵和我们定意……。」（第25、28节）

这群信徒对于圣灵的要求，作出毫无异议的决定。原则如下：关乎每一个信徒的教义或实务问题，应该由全体会众解决。使徒与长老先举行初步会议，作出他们认为是主心意的结论，但是让全体会众批准。

7.保持纪律与行为准则

教会也为着纪律与行为准则前来聚集。例如，哥林多教会的性道德问题，保罗认为不可置之不理。为了保全教会的纯正，他要求把问题带到全会众：

> 「风闻在你们中间有淫乱的事。这样的淫乱连外邦人中也没有，就是有人收了他的继母。你们还是自高自大，并不哀痛，把行这事的人从你们中间赶出去。我身子虽不在你们那里，心却在你们那里，好像我亲自与你们同在，已经判断了行这事的人。就是你们聚会

的时候，我的心也同在。奉我们主耶稣的名，并用我们主耶稣的权能，要把这样的人交给撒但，败坏他的肉体，使他的灵魂在主耶稣的日子可以得救。」（哥林多前书五章1～5节）

毫无疑问，保罗是期待整个会众聚集，聆听他的信。他们要作出惩戒，能使那个人悔改，灵魂永远得救。今天的教会若是能集体、直接面对极端的罪，特别是基督徒领袖的罪，情况会是何等不同。这是一个真教会应有的生活态度。

8.解决信徒之间的争端

整个地方教会聚集的另一个原因是耶稣自己说的：

「倘若你的弟兄得罪你，你就去，趁着只有他和你在一处的时候，指出他的错来。他若听你，你便得了你的弟兄；他若不听，你就另外带一两个人同去，要凭两三个人的口作见证，句句都可定准。若是不听他们，就告诉教会；若是不听教会，就看他像外邦人和税吏一样。」（马太福音十八章15～17节）

我们再次看到，若有人拒绝原先的和好步骤，那就需要召聚全体会众。如先前所说，任何人在这些事上拒绝接受地方教会的决议，就不再被视为基督徒。要使这个作法奏效的惟一途径，就是让整个教会同意，所以他们需要聚集，达成下列经文所描述的同心合意：

「我实在告诉你们，凡你们在地上所捆绑的，在天上也要捆绑；凡你们在地上所释放的，在天上也要释放。我又告诉你们，若是你们中间有两个人在地上同心合意地求什么事，我在天上的父必为他们成全。因为无论在哪里，有两三个人奉我的名聚会，那里就有我在他们中间。」（第18～20节）

请注意，话题从捆绑与释放，转到奉耶稣的名。当教会同心聚集，就会有这种情形发生！我们有能力捆绑或释放（容许或禁止），因为我们同心合意奉祂的名聚集。我们的合一会强化纪律。没有任何的悖逆或反叛能敌挡一个同心合意的教会。

我们来归纳集体聚会的八个目的：

1. 借着恩赐与事工彼此造就
2. 领受主餐
3. 领受来访的机动性事工造就
4. 聆听机动性传道人回到差派他们的地方教会报告
5. 聆听机动性传道人写来的信
6. 解决影响信徒的教义与实务争论
7. 保持信徒的纪律与合宜行为准则
8. 解决信徒之间的争端

那么，这些聚会在哪里举行呢？圣经在这方面沉默，很有意思！根本没有告诉我们答案。我们从使徒行传二章46节与五章42节知道，信徒在圣殿聚集。根据使徒行传十九章19节，保罗在一个哲学学府传讲了一年半。使徒行传二十章8节，信徒在楼房聚集。圣经没有告诉我们，因为场地并不重要。任何地方只要合乎需求都可以。

主后二二二年，第一栋特别作为教会的建筑物才出现，差不多是五旬节两百年之后。犹太人建造会堂，异教徒建造庙宇，但是早期基督徒或来自犹太背景，或来自外邦背景，都没有盖教堂建筑。这是一个真正的新约教会所需的弹性与机动性。我们不能陷在教堂里面。福音事工可以使用建筑物，但是不能被它们局限。地方教会的日常生活必须要超越教堂建筑物，进入日常的世界里。

第 26 章

愿祢的国降临

很多基督徒专注于末世的问题，诸如：「教会在末世会发生什么情况？未来有什么战争与对立？以色列国扮演什么角色？」我在最后一部的「教会的未来」要回答这些问题。

首先，我必须列出神对今世的目的。我们可以从马太福音六章10节的一句话找到答案，在我们称为主祷文的内容里面。多数在基督教背景长大的人，都作过无数次这个祷告，多到记不清楚，却不知道所祈求的「愿祢的国降临」，和「愿祢的旨意行在地上，如同行在天上」，究竟有何涵意。

所以，这个祷告是说：「愿祢的国来到地上。」神对这个世代的终极目标是，祂的国度在祂拣选的君王主耶稣基督带领下，能临到人间。我相信祂确实会在地上建立国度，以王的身分治理。我认为这是解决世界问题的惟一途径。

有人说我们在做白日梦，是在望梅止渴。然而经过漫长的人类历史，我觉得那些想象人可以自己解决问题的，才是在做白日梦。目前，我们要解决世界问题，比起先前更加来得困难，所以又如何能相信，借着人类的努力可以带来改变？

只有一个盼望，就是神的国临到人间。每一个委身的基督徒都需要怀抱这个盼望。

「这世界和其上的情欲都要过去，惟独遵行神旨意的，是永远常存。」（约翰一书二章17节）

神的旨意不会改变。如果有什么改变，那是我们的心意改变了。如果我们的心意能与神的旨意一致，如果我们以神的目标为我们的目标，就会像神的旨意一样，不可摇动、不可挫败。「惟独遵行神旨意的，是永远常存。」每个人最关键的问题在于：你与神的旨意一致吗？神的目标是你的目标吗？

在美国有很多上教会的人，却不是这样。他们参与各种宗教活动，却不明白信仰的最终目标，就是在地上建立神的国度。

圣经中有很多经文讲到这个国度，我在这里列出两处。第一处是但以理书二章44节。我们无法深入经文背景，不过这是但以理解释尼布甲尼撒的一个异梦。国王记不起异梦的内容，遑论明白梦的意思。神以超自然的方式向但以理显现，把解释告诉他。这节经文就是解释的高峰：

「当那列王在位的时候，天上的神必另立一国，永不败坏，也不归别国的人，却要打碎灭绝那一切国，这国必存到永远。」（但以理书二章44节）

在人类历史的某一时代（我相信已经近了），神要建立一个永远长存的国度，永远不会消失，永远不会传给其他人，并且悉数净尽、彻底摧毁所有敌对的国度。

诗篇第七十二篇称为弥赛亚诗篇。换句话说，主题就是弥赛亚国度。希望各位注意在这幅预言景象中，弥赛亚国度的两方面。第一，和平的必要条件是公义。政治领袖与其他人讨论和平，却忽略公义，是在自欺欺人。没有公义，永远不会有真正的和平。

第二，诗篇强调的，是很多基督徒——不论是福音派或全备福音派——尚未体会领略的重点：神极度关心穷人、有需要的人、受压迫的人。下列是国度与国王的写照：

> 「神啊，求祢将判断的权柄赐给王，将公义赐给王的儿子。他要按公义审判祢的民，按公平审判你的困苦人。大山小山都要因公义使民得享平安。他必为民中的困苦人伸冤，拯救穷乏之辈，压碎那欺压人的。……他要执掌权柄，从这海直到那海，从大河直到地极。住在旷野的，必在他面前下拜；他的仇敌必要舔土。他施和海岛的王要进贡；示巴和西巴的王要献礼物。诸王都要叩拜祂；万国都要事奉他。因为，穷乏人呼求的时候，他要搭救；没有人帮助的困苦人，他也要搭救。他要怜恤贫寒和穷乏的人，拯救穷苦人的性命。他要救赎他们脱离欺压和强暴；他们的血在他眼中看为宝贵。」（诗篇七十二篇1～4、8～14节）

除了少数例外，人类并不关心穷人。今天世界上大部分的政府也不关心穷人。在以西结书十六章49节，神形容所多玛的罪恶，令人注目的是根本没有提同性恋。所多玛的罪恶是「心骄气傲，粮食饱足，大享安逸，并没有扶助困苦和穷乏人的手。」同性恋则是从这些状态中产生，这也正是美国与其他西方国家的光景。但是请注意，对所多玛最主要的谴责在于他们没有扶助困苦和穷乏人。今天在这个世界，基本上同时发生两种情况：富者愈富，贫者愈贫。大多数的政治谈判都是为了保护有钱人的利益。

在讨论国度降临前，神要实现的三个目标之先，我要再提出另一个事实。在诗篇第九十二篇，诗人面对一个当下的问题：恶人兴盛。我已经活了八十年，从不曾看过罪恶像今天一样猖狂。神为什么会容许？神还在乎吗？诗人是这么说的：

> 「耶和华啊，祢的工作何其大！祢的心思极其深！畜类人不晓得；愚顽人也不明白。恶人茂盛如草，一切作孽之人发旺的时候，正是他们要灭亡，直到永远。」(诗篇九十二篇5～7节)

神容许罪恶蔓延，容许罪孽滋生，并且就在今天这个世界上演。然而祂的目的是要摧毁罪恶。我对讲台上甚少提到神的审判感到十分惊讶。如果从来不讲审判，就剥夺了圣灵使人知罪的机会。审判是福音的基要启示。耶稣是救主，但祂也是审判官。

在启示录一章9～17节，约翰见到的耶稣是审判者。他已经知道耶稣是救主。最后晚餐，他曾头靠耶稣胸膛。但当他看见耶稣作为审判者时，就像死人一样趴在祂脚下！我想教会需要看见耶稣是审判者。

现在来看看，国度降临前要实现神的哪三个目的。

一、福音要传遍世界

马太福音第二十四章，门徒问耶稣这个问题：

「祢降临和世界的末了有什么预兆呢？」（马太福音二十四章3节）

在原文，「预兆」前面有个定冠词，所以耶稣给的是个具体答案。但是在祂回答之前，先说了其他预兆，是那个特别预兆的迹象，而不是预兆的本身。我们来看看：

「民要攻打民，国要攻打国；多处必有饥荒、地震。这都是灾难〔灾难：原文是生产之难〕的起头。」（第7～8节）

世代终结、基督的实质国度建立在地上，不是凭着组织，而是单单借着生产。这与每个人进到神国的经验相呼应，因为人必须重生才能进神的国，别无他途。生产前必有阵痛，而阵痛愈剧烈，生产就愈靠近。我认为我们正处于基督在地上的实质国度诞生的阵痛里。

耶稣在第7节如此形容生产之痛：民要攻打民，国要攻打国。「民」的希腊文是ethnos，所以耶稣指的是民族冲突，诸如苏联解体后我们所目睹的。我个人认为阵痛在第一次世界大战就已经开始。从那时候起，就看见源于种族仇恨的冲突在全球愈演愈烈。这的确是末日的记号了！

在马太福音第二十四章继续看下去，会看到「那时」这个词一直出现，表示会有一连串的状况发生，一个接一个。耶稣说这些事件是阵痛的开始，然后说：

「那时，人要把你们陷在患难里，也要杀害你们；你们又要为我的名被万民恨恶。」（马太福音二十四章9节）

我常常问基督徒团体，这里的「你们」是指谁。这是对跟随耶稣的人说的，所以「你们」就是我们！

「那时，必有许多人跌倒，也要彼此陷害，彼此恨恶。」（第10节）

很多基督徒面临逼迫，会放弃信仰，并且为了救自己而出卖其他信徒。这在前苏联发生过，在中国也已经发生了两个世代，但是将来会更多。

「且有好些假先知起来，迷惑多人。」（第11节）

这个时代最大的危险不是逼迫，而是欺骗。耶稣要我们防备欺骗，甚于任何其他警告。你的心态如果是「我不会被欺骗」，那你就是被骗的最佳人选。我从六十年的经验学到，只有一样东西能使我们忠心不辍。不是我们的聪明、不是我们的圣经知识、不是我们的服事恩赐，也不是我们的地位，而是神的怜悯。保罗说：「但我既然蒙了主的怜悯，成为可信靠的人，就把我的意见提出来。」（哥林多前书七章25节）我常常向神坦承说：「神啊，我若是能保持忠心，那是因为祢的怜悯，单单因着祢的怜悯。不是因为我的聪明、我懂得的语言、我能引用的圣经、我过往的服事经验，而是单单靠着祢的怜悯。」

「只因不法的事增多，许多人的爱心才渐渐冷淡了。」（马太福音二十四章12节）

「爱心」的希腊文是那个著名的agape，主要的意思是基督徒的爱。为什么很多基督徒的爱心会冷淡呢？因为不法的事增多。回顾美国过去二三十年的历史，只能说不法的事增多，而且愈来愈多，没有什么力量可以遏止。人民怪警察，但是惟有多数人遵守法律，警察才能维持法律与秩序。如果人停止守法，就没有什么方法可以维持法律。除非我们儆醒，防止不法的状态，否则结果就是爱心冷淡。

「惟有忍耐到底的，必然得救。」（第13节）

实际上，希腊文更具体，说：「惟有持续忍耐到底的，必然得救。」你现在被救，但若要继续被救，就要忍耐到底，不然无法被救。

这是一个非常沉重的画面。但是下一节则出人意料之外，乍看之下有矛盾。你以为耶稣在这种情况会说：「藏起来，不要被发现。尽你的力量保护自己与家人。不要太张扬，这样或许可以通过难关。」耶稣说的刚好相反。从情况来看，这才是那个预兆。

「这天国的福音要传遍天下，对万民作见证，然后末期才来到。」（第14节）

最终、最具决定性的预兆是福音传给万国，而且这里正好说到是天国的福音。我发现很多牧师传讲神的爱，却从不传讲国度。我听过一名罗马尼亚基督徒说：「只要告诉人『耶稣爱你』就没事。当我们说『耶稣是王』，就被抓进监牢。」这不是受欢迎的信息。

在哥林多敌挡使徒的人批评使徒，而且如此对他们的信息下此结论：首先，这些人称使徒是「翻天覆地的」（使徒行传十七章6节，英译。中文圣经作「搅乱天下的」）。他们是否会这样形容你跟我呢？我们可曾翻天覆地？

他们又说：「这些人……说另有一个王耶稣」（第7节）。非信徒也会对我们今日所传讲的福音下此总结吗？我想不会。我们大部分会采取「神满足你的需求」这种方式。神会满足你的需求固然没错，但问题出在让人以为神只是为了满足我们的需求而存在。这是今天大多数美国基督徒的态度：「神是美善的神，祂会满足我的需求。」实情是，神不是为你而存在，是你为神而存在。最重要的是荣耀神，而不是你的需求得到满足。

我们一定要呈现与此不同的福音。

再说一次,预兆就是

> 「这天国的福音要传遍天下,对万民作见证,然后末期才来到。」(马太福音二十四章14节)

这是对具体问题发出的具体答案。我作传道人之前的研究领域是逻辑。对我而言,这个逻辑很简单。这是最后那个预兆:天国的福音要传遍世界,对万国作见证,然后末世就会来临。

我们来看启示录的一幅收割景象。这是约翰所得的启示:十四万四千名年轻犹太男子带着福音进入世界。各位可以读启示录第七章的前半部,以掌握个中脉络。但结果如下:

> 「后来,我一看,看见一大群人,数目难以计算。他们是从各国家、各部落、各民族、各语言来的,都站在宝座和羔羊面前,穿着白袍,手上拿着棕树枝。他们高声呼喊:『救恩是从坐在宝座上、我们的神和羔羊来的!』」(第9~10节,现代中文译本)

请注意有各国、各族、各语言的人;所以,福音一定要传给所有语言、族群、部落背景的人。我相信神会为着爱子的荣耀而大发热心。最后,耶稣不会平白受死。至少每一族群在宝座前都有代表。

但是,除非有人述说,否则这些人不会听到福音。从某方面来说，耶稣基督的教会第一优先级是在世界各地传讲天国的福音。你必须承认，在美国有很多教会群体，传福音的优先级很低。其实，很多基督徒根本不知道传福音是教会的优先使命。我们需要大幅调整，需要所说的「觉醒」。不是马路上的人，不是「传统宗派」里的人，而是你和我：我们需要觉醒。圣经说，收割时沉睡的人，带来羞耻（参考箴言十章5节）。教会中充满了收割时的沉睡之子。

二、以色列复兴

国度降临前，另一个必须成就的是以色列复兴。当我说以色列，我不是指教会。今天有人把以色列用来指教会，对以色列是谁产生误解，这恐怕是今天教会中最混淆的一个问题。新约圣经有七十多处使用以色列这个词，我也查考了每一处，得到的个人结论是，以色列从来没有被用作教会的同义词。道理很简单：以色列是以色列，教会是教会。神对双方都有计划，并且足以供应两者。祂不需要为了祝福一方，而抹煞另一方。

我们再回到马太福音第二十四章。这里有个惊人的焦点转换，好像有个屏幕，将整个世界囊括在其中。然后，镜头焦点突然转向地球上的一个小角落：耶路撒冷与以色列地。

> 「你们看见先知但以理所说的『那行毁坏可憎的』站在圣地（读这经的人须要会意）。那时，在犹太的，应当逃到山上。」（第15～16节）

对我而言，从圣经来看，只有一个圣地，就是圣殿所在之地。请注意经文没有说逃到西岸。所以焦点是突然从万国与全世界，转移到耶路撒冷与该地的犹太人。

这与罗马书第十一章相呼应。保罗为外邦背景的基督徒写下这段话：

「弟兄们，我不愿意你们不知道这奥秘（恐怕你们自以为聪明），就是以色列人有几分是硬心的，等到外邦人的数目添满了，于是以色列全家都要得救。如经上所记：必有一位救主从锡安出来，要消除雅各家的一切罪恶。」（第25～26节）

你可以在新约圣经找出保罗说不愿意信徒无知的所有经文，可能会发现有意思的挑战。多数情况，信徒无知的方面，正是保罗说他们不应该无知的方面。

在罗马书首先看到，外邦人的数目必须满足。被神拣选的一定数目的外邦人必须得救，然后以色列得救。以色列是圣经中惟一应许全部得救的国家。但是各位要记住这一点：

「以赛亚指着以色列人喊着说：『以色列人虽多如海沙，得救的不过是剩下的余数。』」（罗马书九章27节）

「余数」前面有个定冠词。这是神所预知、拣选的余数。当圣经说以色列全家都得救，「以色列全家」将会是余数，是整个国家剩下的人。在此发生前，以色列要历经很多事件，也就是圣经说的「雅各遭难的时候」(耶利米书三十章7节)。

每个人都要明白，犹太人在神的目的中具特别的地位；这很重要。外邦人很难接受这个事实。我们多数不是出自犹太背景，成长过程中多少都曾看不起犹太人，甚至恶意批评、蔑视他们。我没有犹太背景，也从来没有反犹，但是我记得，甚至我有教养的英国家人，讲到犹太人，语调跟气氛就会变得不一样。反犹心态在大多数外邦人心中滋生。保罗说我们最好谨慎，因为我们不是树根，只是枝子（参考罗马书十一章16～24节)。请记住，枝子生不出根，是根生出枝子。根是以色列。基督徒在这方面的思维必须有极大的变化，因为神要根据万国对以色列的态度审判他们。很多现在读这本书的人，也会想要反对这种观念。

有次我与一位在阿尔及利亚出生的年轻人谈话。他是伊斯兰教背景，因着戏剧化的经历，成了基督徒。信主之后，他与神争论犹太人的地位。神对他说：「你反对的不是犹太人，而是我。」那句话改变了他的整个态度。犹太人没有拣选自己，是神拣选了犹太人。如果让犹太人决定，他们不会拣选自己。你可知道他们是多么想要脱离被拣选的责任吗？有位以色列总理，上任第一天就说：「我们就跟其他国家一样。」听起来不错，却不属实。他们没有作这个选择，我们也没有，乃是神拣选了他们。如果你跟犹太人过不去，你其实是跟神过不去。

我认为神的选择是正确的，不论是在我们的生活、在教会，或是在万国中。如果由我自己，我不会作出那种选择。但神没有让我决定。其实，有很多事情，神并没有由着我。例如，我结过两次婚，每一次都是神为我选择妻子，而且祂的选择非常棒，我为此感谢神。或许你比我聪明，但是我的能力不足以对人性作出适当的判断，作正确的选择。

选择犹太人是神的选择，祂知道自己在做什么。我个人相信，只有神能与犹太人打交道。我不是要表示自己聪明，我只是说犹太人不是个容易来往的民族。神其实在说：「我担下责任，最后由我产出我所承诺的结果。」耶稣说：「智慧总是从智慧的行为〔有古卷：儿女〕得证为对的」（马太福音十一章19节，吕振中译本）。换句话说，智慧产生的结果，证明智慧的选择。神尚未完工，不要在结果没有出现以前批评产品。

我要向各位指出对美国非常重要的一点。我是英国背景，当时英国矢志成立称为巴勒斯坦的政府。当联合国决定给犹太人一小片国土，英国政府的官方反应是除了公开宣战以外，还想尽办法反对。我不仅是英国人，也在英军服务。当时我住在巴勒斯坦，所以这些都是我亲眼目睹的。四千万阿拉伯人拥有精良武器，攻击六十万武器稀少的犹太人。谁赢了?

英国有个庞大的帝国，但是自从她开始反对神的目的，帝国就崩落、衰败。他们口头上说支持犹太人，但实际行动并非如此。坦白说，美国政府必须谨慎，不要重蹈英国覆辙。在和平协议中，他们绝不能反对神对以色列的目的。没错，政府知道如何跟基督徒对谈，知道该说什么样的话。这就是政客，他们对每个群体都是这么说，好让他们以为政府是支持他们的。不过看实情，那就是另外一回事了。

我认为，采取反对以色列立场的政客，最后没有一个会成功。没有一个反对以色列的国家能够兴盛。耶和华说：

> 「到那日，我使犹大和耶路撒冷被掳之人归回的时候，我要聚集万民，带他们下到约沙法谷，在那里施行审判；因为他们将我的百姓，就是我的产业以色列，分散在列国中，又分取我的地土。」（约珥书三章1～2节）

神说，祂要根据对犹太人的好坏来审判列国。不管你乐意与否，将来是如此。记住这一点，对自己有好处。

他们不仅分散以色列人，也分割他们的土地。要记住，首先来说，这是神的土地：「分取我的地土。」

在此容我回到以色列国的现代史。我不得不说，以色列土地被分割，英国要负主要责任。一九一九到一九二〇年，国际联盟赋予英国在该地区的使命非常具体，就是为犹太人开创国土。但是英国政府在一九二二年，挥笔将百分之七十六的土地分配给阿拉伯国家，刚开始称为外约旦，如今称为约旦，不准犹太人居住。也就是说，只剩下百分之二十四的土地，然后联合国把其中的百分之十给了犹太人。然而神介入了。现在，谁知道呢？但是我可以再次告诉各位，神要按着列国她们如何对待犹太人来审判。

马太福音二十五章31～46节提到王与国度的降临。我们要知道，这直接呼应约珥书三章1～2节，是同样的场景：

「当人子在祂荣耀里、同着众天使降临的时候，要坐在祂荣耀的宝座上[祂在地上的宝座。现在祂坐在父神的宝座上]。万民[goyim]都要聚集在祂面前。祂要把他们分别出来，好像牧羊的分别绵羊山羊一般。」（马太福音二十五章31～32节）

当主耶稣以君王的身分来临，万国要聚在祂面前，祂要把这些国家分成两组：右边的绵羊与左边的山羊。如果仔细研读这章圣经，会知道区分的根据在于他们如何对待耶稣的兄弟：「这些事你们既做在我这弟兄中一个最小的身上，就是做在我身上了」（马太福音二十五章40节；参考第45节）。神以列国如何对待耶稣的弟兄，作为祂审判列国的根据。

审判严厉得吓人。祂对绵羊说：「你们这蒙我父赐福的，可来承受那创世以来为你们所预备的国。」（第34节）这是耶稣在地上的国度。祂对山羊说：「你们这被咒诅的人，离开我！进入那为魔鬼和牠的使者所预备的永火里去！」（第41节）。

在政治领域，神目前的最高目标是犹太人在重新归回神以前，先让他们在自己的土地重聚。我们当中有少数人可以体会得到，这是一个多么大的神迹。犹太人分散于一百多个国家有十九个世纪之久，活在放弃自己身分的压力下，但还是能继续维持其分别与独特的民族身分。在过去九十年，他们从一百多个不同的国家前来重聚。我不知道你是否能明白，这是个怎样的神迹。神在这个地球的历史中彰显祂如何掌管人类的事，这是非常轰轰烈烈的一次。

我的妻子利迪亚是丹麦人。她以前常说，如果把丹麦人分散到世界各国，两百年以后回来，你大概找不到一个丹麦人，因为都已经同化了。犹太人分散几近两千年，有些人更久。在今天的也门和伊拉克的犹太人，已经分散了两千五百年。但他们还是有别于他人、认得出来的一个民族，然后又被带回以色列地。依我的看法，这是与出埃及一样伟大的神迹。

两年之间，四十万俄裔犹太人回到以色列。当时以色列的人口是四百万左右。因此，百分之十是新移民，没有资源、没有金钱、健康状况可能也很差，需要融入新环境。这好比美国在两年之间，要使两千七百万新移民融入新环境，而且美国的资源比起以色列多太多了。美国政府根本不会考虑这种事，但是却发生在以色列。为什么发生？因为神要在国度降临前，复兴以色列。

三、新妇得以完全

另一个进展是准备耶稣基督的教会成为新妇。这些发展不一定有时间顺序，而是按照圣经的发生次序，而我觉得这个次序有其一定的逻辑。

> 「我听见好像群众的声音，众水的声音，大雷的声音，说：哈利路亚！因为主——我们的神、全能者作王了。我们要欢喜快乐，将荣耀归给祂。因为，羔羊婚娶的时候到了；新妇也自己预备好了，就蒙恩得穿光明洁白的细麻衣。（这细麻衣就是圣徒所行的义。）」

(启示录十九章6～8节)

本书开始已经看过，以弗所书中的新妇图像，当喜宴开始，新妇不会仍在准备；她已经准备好了。换句话说，现在是我们准备的时间。等事情发生，已经来不及准备。

因着一些不寻常的境遇，我成为照管八个女孩的父亲，她们现在都已经成家。我知道她们对结婚抱着兴奋之情，大多数女性都是如此。结婚需要很多时间准备，要考虑穿什么样的礼服、要计划婚礼、选择伴娘，然后采排。这些事每个人都很熟悉，她们可以从中略窥基督的新妇将自己预备好是什么意思。

你如果没有在预备，我看不出你怎么能够预备好。你如果甚至不知道自己必须预备，怎有可能预备好呢？对大多数女性来说，结婚那一天是这辈子最重要的一天。对教会也是如此，因此需要相当的预备。「祂的妻子已经预备好了」而不是「她正在预备」或是「最后才忙乱预备」。她已经预备好了。

新妇需要什么才算预备好？我要提出三点。各位或许想到本书第八章的一些内容。它们攸关重要。

一、对耶稣完全忠贞

这不仅是教义上、思想上的关系，而是一个心灵的关系。将耶稣置于首位，不与别人共享。丈夫与妻子可以彼此相爱、婚姻美满，但他们要绝对清楚，耶稣居首位。你绝对不能容许配偶的关系优先于耶稣的关系，永远不可以。当耶稣居于正确的位置，其他事情就会各就各位，导致美好的婚姻。

保罗写给哥林多教会说：

> 「我以神的热爱爱你们，因为我把你们献给基督，好像把贞洁的童女许配给一个丈夫。」（哥林多后书十一章2节，新译本）

请记住，按照圣经时代的文化，许配有点像今天的订婚，但它有完全的约束力，跟结婚一样，不可以随便解约，只是还没有圆房，所以保罗说「贞洁的童女」。

哥林多前书第六章透露出哥林多教会中一些人的背景：

> 「你们岂不知不义的人不能承受神的国吗？不要自欺！无论是淫乱的、拜偶像的、奸淫的、作娈童的、亲男色的、偷窃的、贪婪的、醉酒的、辱骂的、勒索的，都不能承受神的国。你们中间也有人从前是这样；但如今你们奉主耶稣基督的名，并借着我们神的灵，已经洗净，成圣，称义了。」（第9～11节）

我们要记住这一点。你若喜欢，可以称淫乱为「婚前性行为」，但你若真的去做，就不能进神的国。除非你悔改，改变生活方式，否则就要被排除在外。但是甚至考虑到哥林多人的一些背景，保罗还是说：「我把你们献给基督，好像把贞洁的童女许配给一个丈夫。」（哥林多后书十一章2节，新译本）这对耶稣基督的宝血作出何等的见证！因着他们对耶稣的信心与耶稣的宝血大能，保罗能够在基督面前称他们为贞洁的童女。

然后。保罗又关心到我们是否能对新郎忠贞委身，直等到婚礼：

「我只怕你们的心受到引诱，失去对基督的单纯[真诚]和贞洁，好像蛇用诡计骗了夏娃一样。」（第3节，新译本）

从许配到婚宴庆祝这段期间，我们面临的危险是在基督里的单纯与真诚可能会腐化。

我必须说，我看到这种情况发生在很多信徒身上。其中一个肇因是所谓的新纪元教导，渗入教会各处，腐化了我们在基督里的单纯心志。

另外一个因素与神学颇有牵连。我个人并不赞成所谓的神学。很多人进神学院还信主，出来竟然不信了。我认为基督徒要有系统地查考圣经，但是人一旦过于执着思想的理解与成就，通常会失去信仰。当教会过于执着教育成就，通常灵性就会腐化。哈佛与耶鲁大学是活生生的两个例子，因为这两所大学都是以基督教立校。还有成千上百间学府，上演同样的戏码。所以我们被提醒，要保持基督里信心的单纯、真诚、纯洁。

有一次主对我与妻子路得说话。祂说：「你们已经失去起初的单纯信心。我要你们回头。」当你刚得救，你相信神会应允每个祷告，不是吗？你为着异想天开的事祷告，而且发生了。然后你变得心思复杂，所以开始理论：「没错，是啦，不过……」你失去了起初的单纯信心。保罗是在说：「我为你们担心，因为你们惟有保持开始的样子，才配得作为基督的新妇。」

路得与我用这节经文作为我们的宣告：

「你们中间也有人从前是这样；但如今你们奉主耶稣基督的名，并借着我们神的灵，已经洗净，成圣，称义了。」(哥林多前书六章11节)

如果你要成为基督新妇，就必须是这种光景：洗净、成圣、称义。不可失去起初的单纯信心。

在启示录第十七章与其他经文，圣经坦率公开提到一个称为淫妇或妓女的教会。新妇与淫妇的差别在哪里？请记得，只有一个根本差异——新妇一直持守对耶稣的委身，而淫妇却离祂而去。有人抛弃了起初对耶稣的委身，转而投入其他不符合圣经的活动：我认为这就是淫妇教会，而且正在扩散。

二、真心的向往

新妇的第二个条件是真心向往新郎的来临。

「像这样，基督既然一次被献，担当了多人的罪，将来要向那等候祂的人第二次显现，并与罪无关，乃是为拯救他们。」(希伯来书九章28节)

新郎向谁显现？向那些热切等待祂的人，向翘起脚、引颈期盼的人显现。除了教会，祂不会向其他人显现救恩。我的最好朋友吉姆．克若孚特（Jim Croft）常说：「当耶稣再来，光说『祢回来真好』并不够」，祂的期待不止于此。

所以，我来问各位：你真的向往、渴望新郎回来吗？你热切等待——不只是等待，而是热切等待吗？

三、合宜的穿著——义行

第三个条件我们先前讨论过，就是要有合宜的穿著。每个人都知道，对新娘来说，婚纱是最重要的一环。多年前，有一对没有宗教背景的夫妇得救。那时候常有许多人带人到我们家的游泳池施洗。这位太太竟然穿着比基尼受洗。有些人一定很震惊，但是我却想：「我们能有不知道不该以这种方式来做信仰上的事的人加入，这是多么好的事。」所以我们为她提供了另一件衣服。我们必须明白，从基督与我们的关系来看，我们需要有多于「比基尼」的穿著，才能与新郎成婚。换句话说，结婚礼服就是必须有义行的记录：

> 「我们要欢喜快乐，将荣耀归给祂。因为，羔羊婚娶的时候到了；新妇也自己预备好了，就蒙恩得穿光明洁白的细麻衣。（这细麻衣就是圣徒所行的义。）」（启示录十九章7～8节）

你为主所做的，将要成为你的衣服。我们要开诚布公，因为有些人目前只有非常少的「布料」。你需要改变。

启示录第二至三章，耶稣对七教会的信息中，祂对每间教会都说了这句话：「我知道你的行为」。祂没有说：「我知道你的教义主张」或「我知道你的宗派立场」或「我知道你的神学背景」。祂说：「我知道你在做什么。」这会成为你的结婚礼服。不是教义，而是你为祂所做的事。

事奉主有时并不容易，常会有很大的压力。但是，你下一次真诚事奉主的时候，如果觉得各种压力临头——希望各位知道，我所面临的压力并不少于各位——单单记住，这都是你的结婚礼服的材料。如此，你的感受会完全不同。

我们现在来总结：世界末了、国度降临之前，神的三个目的必须实现。

第一，福音必须传遍列国。我相信这是全体教会的责任。在这一方面，没有基督徒能豁免。这不是少数专职传道人或宣教士的工作。整体的福音使命有各种责任，每一委身的基督徒有自己的职责。

第二，以色列必要复兴，首先是土地，然后是神。

> 「你们必住在我所赐给你们列祖之地。你们要作我的子民，我要作你们的神。」（以西结书三十六章28节）

请记住，犹太人重回他们的土地，目标在于重新回到神面前。其余的，无论是政治或军事的谈判与互动，都只是过程而已。

重新召聚以色列人有原因。神不仅是要把他们当作个人聚集的群体，也把他们当成是一个国家，因为他们是以国家的身分与神立约。神要以国家来处理犹太人的问题，便必须重新将他们召聚一处。惟一的地点就是神原先赐给他们居住的地方。

第三，如先前讨论，新妇必须准备好迎见新郎。

我呼吁各位仔细想想，你真的连结于神的目的吗？下次祷告，请你说：「愿祢的国降临」，也请记住，这表示你决心在有关国度降临的一切事上配合神的心意。

第 27 章

荣耀的教会

圣经说，耶稣再来时的教会，是个荣耀的教会。然而今天很多与教会有关系的人，并不知这是什么意思。「荣耀」的希腊文是 doxo，英文的 doxology （荣耀颂） 即由此而来，意思是「荣耀归与神的」。

我是循着古典希腊文开始读希腊文新约圣经，我也曾研究、教授柏拉图哲学。柏拉图哲学有个基本观念，就是用doxo这个字作为归纳。在柏拉图的著作，doxo的意思是「似乎是，显出来，意见」。这个定义与圣经的用法非常不同。我读哲学的时候，有次决定读希腊文的约翰福音。约翰对doxo的用法，令我大惑不解。我自忖：「柏拉图用来意味『似乎是、显出来』的字，约翰怎么会用来表示『荣耀』呢？」

几年后，我奇妙重生得救，突然明白doxo这个字在新约圣经的用法。翻译不同的原因在于，神的荣耀是祂的同在对人类的感官所作的彰显，是可见、可及的同在；是显现出来、可以看到的。当我看到这里，才领悟这个字何以从「显出来的」变成「荣耀」。神的荣耀是对人的感官显出来，或彰显的。

在使徒行传七章2节，司提反对犹太公会说：「当日我们的祖宗亚伯拉罕在米所波大米还未住哈兰的时候，荣耀的神向他显现。」亚伯拉罕借着可见的荣耀认识神。这次的相遇改变了亚伯拉罕的生命、意念、企图心，甚至放下一切，到神所应许的地土。

当圣经讲到荣耀的教会，意思就是教会充满神的荣耀。这个教会里面有全能神可见、可及、个人的同在彰显。荣耀的教会不是指没有神的彰显，靠着光秃秃的信心而活的教会，而是指在一个神的个别同在可见、可及之处，与祂建立关系。

一个充满神同在的教会吸引人前来。当人感受到，就会说：「这是什么？我从来没有这样的感受，非常不一样。这些人拥有什么，是我没有的？」

这就是神的荣耀，它是令人惊叹的。当神的荣耀向以色列人显现，百姓脸俯伏在地：

> 「所罗门祈祷已毕，就有火从天上降下来，烧尽燔祭和别的祭。耶和华的荣光充满了殿；因耶和华的荣光充满了耶和华殿，所以祭司不能进殿。那火降下、耶和华的荣光在殿上的时候，以色列众人看见，就在铺石地俯伏叩拜，称谢耶和华说：耶和华本为善，祂的慈爱永远长存！」（历代志下七章1～3节）

神的同在如此强有力，没有一个人能站得住。这才是耶稣再来所看见的教会。

「……基督爱教会，为教会舍己。要用水借着道把教会洗净，成为圣洁。」（以弗所书五章25～26节）

耶稣用血赎了教会，好用祂的道，像纯净的水一样把教会洗净。教会为主的再来作准备，同时需要血与话语的水。我一向尊崇耶稣的宝血。祂的宝血付上赎价，藉此带我们脱离魔鬼的手。我们被祂的血救赎以后，神的目标是要我们被话语的水洗清，成圣、洁净。祂的目标很清楚：

「可以献给自己，作个荣耀的教会，毫无玷污、皱纹等类的病，乃是圣洁没有瑕疵的。」（第27节）

所以，耶稣来要以三个记号辨识教会

1. 是荣耀的
2. 在其中有神同在的彰显
3. 毫无玷污、圣洁、没有瑕疵

我非常担心所谓灵恩运动的现况——其实有时我觉得是灵恩停滞！因为如果真的在动，我实在不知道是往哪个方向动。我观察到，很多灵恩派信徒很少花时间在圣经上，大多数还没有把圣经从头到尾读一遍。圣经中有些真理，他们根本不知道。有圣灵的恩赐，并且经历其彰显固然令人兴奋，但没有任何东西可以取代认识神的话语，以及明白神的应许。神的应许令人屏息，诸如「因此，祂已将又宝贵又极大的应许赐给我们，叫我们既脱离世上从情欲来的败坏，就得与神的性情有分」

(彼得后书一章4节)。

我来问各位：你在神的性情上有分，到了什么程度呢？你最近躲避了多少属世的情欲败坏呢？耶稣要在祂的教会——新妇——处理这些问题。

只有借着话语的洁净，我们才能成为圣洁。如果你是领袖，我推荐你一样事情。我记得，在美国的灵恩运动当中，查经聚会如果能有五十个人聚集，就算很多，但我们还是花时间研读话语。在多数的灵恩教会，周三晚间是查经。你知道查经的结果是什么吗？在我知道的一些教会，根本就没有花时间查经。领袖有责任教导圣经，甚至更重要的是，教导人如何自己研读圣经。有些基督徒的属灵食物跟今天很多人吃的东西一样：薯条与快餐。我为他们感到难过，因为神的国度并没有快餐！

「这借着水和血而来的，就是耶稣基督；不是单用水，
乃是用水又用血。」(约翰一书五章6节)

血是耶稣的救赎牺牲，水却是有洁净、成圣作用的神话语。两者要并驾齐驱。没有血，就没有救赎的途径，也就没有生命。而没有话语，我们就没有洁净，没有成圣，玷污也洗不掉。

除了借着水与血领受生命与洁净，教会也需要建造。在以弗所书四章11节，我们看到教会是借着什么让自己准备迎见主的来临——借着本书先前讨论过的五种建造肢体的事工：使徒、先知、布道者、牧者、教师。下面两节可以看到这些事工

存在的目的：

> 「为的是要装备圣徒，去承担圣工，建立基督的身体；直到我们众人对神的儿子都有一致的信仰和认识，可以长大成人，达到基督丰盛长成的身量。」（第12～13节，新译本）

神将这些建造事工赐给我们，直到我们最后都借着承认耶稣基督，在信心中合而为一。坐着讨论教义，无法达成合一。有一点很确定，讨论教义无法使基督徒合一！惟一的合一之道是大家在教会生活的各层各面，以耶稣基督为最高权柄，以祂为首环绕聚集。没有救主，救赎的教义毫无意义。没有医治者，医治的教义毫无意义。没有释放者，释放的教义毫无意义。没有施洗者，圣灵的洗毫无意义。

当我们承认那位救主，我们就相信祂的救赎。当我们承认那位医治者，我们就相信医治。当我们承认那位施洗者，我们就相信圣灵的洗。当我们承认那位释放者，我们就相信从邪灵得释放。在任何情况，合一之路不是教义争辩与讨论，而是承认在荣耀里的主耶稣基督。

当我们承认基督是教会的一切，就迈入了信心的合一，「可以长大成人，达到基督丰盛长成的身量」。关键是丰盛。除非耶稣基督的教会能彰显神的一切丰富——各个层面、各样恩典、各样恩赐、各样事工，否则教会就没有履行她的呼召。目前，我们向世界展现的耶稣基督实在小得可怜。耶稣还有很多方面，教会没有能够向世界展现。但是神要带领我们迈入新境界，让全体教会能完全显明完整的基督。

「因此，我在父面前屈膝，（天上地上的各〔或译：全〕家，都是从祂得名。）求祂按着祂丰盛的荣耀，借着祂的灵，叫你们心里的力量刚强起来，使基督因你们的信，住在你们心里，叫你们的爱心有根有基，能以和众圣徒一同明白基督的爱是何等长阔高深。」（以弗所书三章14～18节）

单凭个人无法理解这段经文，只有与其他主内信徒同聚，才能明白耶稣基督的长阔高深。保罗继续说：

「并且知道祂的爱是超过人所能理解的，使你们被充满，得着神一切的丰盛。」（第19节，新译本）

这是一个伟大的宣言：耶稣基督的教会要成为神的丰盛停驻之地！神的所有——祂的本性、祂的能力、祂的各方面，都要彰显于教会。据我所知，圣经只有另外一处经文提到「神的丰盛」，在歌罗西书第二章，说：「因为神本性一切的丰盛都有形有体地居住在基督里面。」（第9节）神在基督里，是完全、而非部分的彰显。当圣灵完成塑造基督的肢体，神的丰盛也将在教会彰显。千万不要以为这会单单发生在你自己身上。你只是一个小小单位，惟有与其他主内信徒在信心中联合、承认基督，方能与其他人共同体会到基督的长阔高深，进而被神的丰盛所充满。这就是神对教会的目的。

神要彰显自己，以至于全地在祂面前战兢，看见祂的荣耀：

「如此，人从日落之处必敬畏耶和华的名，从日出之地
也必敬畏祂的荣耀；因为仇敌好像急流的河水冲来，
是耶和华之气所驱逐的。」（以赛亚书五十九章19节）

经文的下半段与我们的处境相关。因为仇敌魔鬼确实像洪水一样朝着我们而来，渗入整个国家：政治上、社会上、教育上，包括学校、高等学府、神学院。美国的各层各面，在过去几十年已经被仇敌的力量有计划的渗透。

仇敌不仅像洪水临到世界，也临到教会。这应验了约珥的预言：神的百姓与他们的产业，就像蝗虫大军压境、摧毁土地一样被毁灭。教会历世历代一直被神的审判大军攻击：咬噬的蝗虫、群聚的蝗虫、蠕动的蝗虫、吞灭的蝗虫。但是神说，在这时候，祂的灵要在我们中间运行。「耶和华之气所驱逐的」这一句，钦定本的译法是「神的灵要高举旌旗敌挡他。」

神的灵所高举的旌旗是耶稣基督。圣灵不会高举凡人，也不会吹捧教义或组织。祂临到教会，主要为一件事：高举耶稣。在约翰福音十六章13～14节，耶稣说：「只等真理的圣灵来了……祂要荣耀我，因为祂要将受于我的告诉你们。」圣灵在教会的职事是启示、高举、尊崇、荣耀耶稣基督。

教会必须承认、敬拜主耶稣基督。圣经说，借着相信耶稣基督，我们成为亚伯拉罕的子女（参考加拉太书三章7节）。一般而言，当太阳照耀，甚或夜间月亮照耀，我们都不会注意星星。但是当日落西山，而月光不明亮，各种自然光源消失的时

候，星星就在漆黑的夜里闪闪发亮。当世界终结之际，黑暗笼罩地上，深深遮蔽着人（参考以赛亚书六十章2节），会有这种情景：黑夜愈见深沉，亚伯拉罕的子女借着相信耶稣基督，会在荣耀中像星星一样闪亮发光（参考腓立比书二章14～16节）。

这里可以瞥见新妇在荣耀中出现的景象：

「那向外观看、如晨光发现、美丽如月亮、皎洁如日头、威武如展开旌旗军队的是谁呢？」（雅歌六章10节）

当教会彰显基督的荣耀，世界会惊讶退缩，因为从来没有看过这般的教会。像晨光一样出现的是谁呢？经过一夜黑暗，教会将犹如升起的太阳。基督的新妇也要像月亮般美丽。

月亮的责任是要反映太阳的光芒，而月亮也以不同的月相出现：新月、上弦、下弦、满月，盈亏就好像耶稣基督的教会盈亏。但是当教会至终如满月上升之时，就会完整反映神子的荣耀。

那时，教会将要像太阳一般清明。虽然也像月亮，但是却具有公义之子耶稣的公义与权柄。教会若是善加运用，就会像旌旗飘扬的大军令人畏惧。有谁看过一个令撒但、罪孽、邪恶与黑暗权势畏惧的教会？将会有这样的教会出现，使撒但的军兵颤栗逃跑。

神借着我的经验向我显明，最让撒但害怕的信息是——教会将要成为何等样式，并且要如何对付牠。撒但与此真理奋战，更甚于其他真理。

这才是神心目中的教会样式。请你花时间让神以祂对教会，以及祂对你个人生命的计划，向你发出挑战。祂将来要回到一个荣耀的教会，而祂会寻见一个荣耀的教会！

作者介绍

叶光明牧师一九一五年生于印度邦加罗尔，成长于英军家庭背景。曾受教于英国伊顿学院、剑桥大学和以色列希伯来大学，精通希腊、拉丁、希伯来、亚兰等多种语言和哲学，并在剑桥英王学院深入研究古今哲学，以无神论者自居。

二次大战期间，叶光明牧师在英国皇家陆军医疗队服役时悔改信主，开始深入研究圣经。在一次经历主大能之后几天，也经历圣灵的洗，这次的经验改变了他的生命，使他奉献一生于研究并教导神的话语。

一九四五年从军中退伍后，叶光明和利迪亚?克里斯顿森(Lydia Christensen）在耶路撒冷结婚。利迪亚是一间儿童之家的创办人，因此叶光明立即拥有分别为犹太、巴勒斯坦、英国裔的八个女儿。这个家庭在一九四八年一同见证了以色列的复国。一九五〇年，叶光明于肯尼亚的大学担任校长期间，又收养了一个女儿。

一九六三年，叶光明一家移民到美国，在西雅图一间教会牧会。由于受到肯尼迪总统遇刺的影响，他开始教导美国人为自己的国家祷告。一九七三年，他成了「美国代祷者」(Intercessors for America）机构的共同创办人，以所著作的

「透过禁食祷告塑造历史」(Shaping History through Prayer and Fasting) 唤起世界各地的基督徒为自己的国家祷告。当共产政权在苏联、东德、捷克等地垮台时，此书的各种地下译本成了激励基督徒的最佳工具。

利迪亚在一九七五年逝世，叶光明在一九七八年与路得?贝克（Ruth Baker）结婚（她是收养了三名子女的单亲妈妈）。他们也是叶光明在耶路撒冷事奉时认识的。路得于一九九八年十二月逝世于耶路撒冷。

叶光明于二〇〇三年离世，享年八十八岁，他一直到离世前几年，都持守在神所呼召的事工中，在世界各地传扬神的真理，为患病、受压制者祷告，按照圣经传讲对时事的洞见。他有四十五本以上的著作，被译为六十多种语言，销售全世界。他在历代的咒诅、魔鬼学、对以色列的圣经洞见等主题上，都有具先驱性的教导。

总部位于美国加州北部的「叶光明事奉团」(Derek Prince Ministries) 透过在世界各地的分部，继续传递叶光明的教导，并训练宣教士、教会领袖和信徒。他的广播节目「成功生活之钥」被译为十多种语言在各地播出。叶光明清淅、超越宗派的圣经教导估计已传至全球半数以上的地区。

叶光明身为国际认定的圣经学者和属灵权威，在世界六大洲事奉超越七十年。他在二〇〇二年时说：「我有一个渴望，相信也是神的渴望，神在六十年前藉由我展开的事工可以不断运作，直到主再来时。」

中国大陆免费下载叶光明书籍和广播资源网站

w w w . y g m . s e r v i c e s

中文叶光明书籍和广播资源可以通过搜索
“Ye Guang Ming” 或 “YGM” 或 “叶光明”
下载应用程序到手机或平板电脑阅读和收听。

中国大陆索取叶光明书籍和讲道资源，
可以联系 feedback@fastmail.cn

如何在智能手机上安装应用程序(App)

可复制网址到智能手机的浏览器，或使用二维码安装适用于您智能手机的应用程序（App）

iPhone/iPad 手机下载网址：

https://itunes.apple.com/sg/app/ye-guang-ming-ye-guang-ming/id1028210558?mt=8

若干安卓手机下载地址如下，供您选择：

https://play.google.com/store/apps/details?id=com.subsplash.thechurchapp.s_3HRM7X&hl

叶光明事工微信公众平台：

如果您对叶光明事工的资料有任何反馈或愿意作出奉献支持事工，请 email 联络我们：

电子邮件 feedback@fastmail.cn

DPM34-B65

www.ingramcontent.com/pod-product-compliance
Lightning Source LLC
Chambersburg PA
CBHW060522100426
42743CB00009B/1409
* 9 7 8 1 7 8 2 6 3 6 4 6 5 *